Découverte de la **vie publique**

LES COLLECTIVITÉS TERRITORIALES ET LA DÉCENTRALISATION

8e ÉDITION

Michel Verpeaux
Professeur à l'université Panthéon-Sorbonne (Paris 1)
Directeur du Centre de recherches en droit constitutionnel

Christine Rimbault
Chargée d'enseignement à l'université
Panthéon-Sorbonne (Paris 1)

Franck Waserman
Professeur à l'université du Littoral - Côte d'opale (ULCO)

Collection dirigée par Christine Fabre

La **documentation** Française

Déjà parus dans la collection
Découverte de la vie publique

Fonction publique territoriale. Le statut en bref
octobre 2014

Les institutions de la France
4e édition novembre 2013

L'administration et les institutions administratives
2e édition septembre 2013

Les finances publiques
7e édition juin 2013 – 8e édition à paraître en 2015

L'Union européenne. Institutions et politiques
4e édition mars 2013

La justice et les institutions juridictionnelles
2e édition septembre 2012

Citoyenneté et vie démocratique
octobre 2005

8e édition, février 2015

© **Direction de l'information légale et administrative**, Paris, 2015
ISBN : 978-2-11-009777-4

La collection Découverte de la vie publique

Découverte de la vie publique est une collection des Éditions de La Documentation française qui a pour vocation de présenter de façon à la fois pédagogique et rigoureuse le fonctionnement des institutions et de la vie publique en France.

Pédagogique, car les textes sont élaborés par des spécialistes des questions abordées ayant une expérience de l'enseignement, mais aussi parce que chaque thème est traité sous forme de questions-réponses afin de le rendre plus accessible. Tous les mots ou expressions techniques ou spécifiques sont explicités.

Rigoureuse, car le thème abordé dans un volume de la collection est traité de la façon la plus complète possible. Des encadrés portant sur des sujets plus spécifiques ou techniques complètent d'ailleurs les questions-réponses.

Chaque ouvrage se décline donc en plusieurs chapitres composés de questions-réponses et d'encadrés, complétés parfois par des schémas. Une annexe présente une liste de liens vers des sites de référence. Enfin, la table des matières, récapitulant la liste des questions-réponses et des encadrés, permet de se retrouver rapidement dans l'ouvrage.

Cette collection est une déclinaison de la rubrique «Découverte des institutions» du portail d'informations citoyennes administré par la Direction de l'information légale et administrative (DILA), *www.vie-publique.fr*, dont elle constitue un utile complément.

Sommaire

CHAPITRE 1

LA DIVERSITÉ DES COLLECTIVITÉS TERRITORIALES

L'ÉVOLUTION DES COLLECTIVITÉS TERRITORIALES

Quels sont les apports de la Révolution française ?

Avec la Révolution de 1789, la question des rapports entre le pouvoir central et les autorités locales revêt ses caractéristiques modernes.

▶ **L'Assemblée constituante fixe les cadres territoriaux encore en place aujourd'hui.** Elle érige les communautés d'habitants (paroisses, villages, bourgs, villes) en **communes** (loi du 14 décembre 1789) et crée des **départements** (loi du 22 décembre). Ces lois consacrent également un **principe d'uniformité** exigeant que tous les Français soient soumis à une administration identique sur l'ensemble du territoire. Les administrations locales des communes, districts et départements doivent donc être régies par des règles similaires au nom du principe d'égalité devant la loi défini par la Déclaration des droits de 1789 et de la fin des privilèges votée le 4 août 1789.

Mais il ne s'agit pas d'une réelle décentralisation : **l'administration locale gère des affaires de l'État** (les communes ont la charge de la répartition des contributions directes ; les départements ont vocation à gérer toutes les matières administratives mais au nom du roi) par des organes néanmoins élus. Seule la commune est conçue comme s'occupant à la fois des affaires locales et nationales.

▶ Les difficultés rencontrées par la Révolution, **à partir de la Convention (1792)**, ont conduit l'État à **recentraliser l'administration locale**. Il s'agissait de lutter contre les tendances «fédéralistes» ou «girondines» qui marquaient, en réalité, la volonté d'échapper au pouvoir révolutionnaire parisien. Ce mouvement de recentralisation est consacré par Napoléon Bonaparte avec la **loi du 28 pluviôse an VIII** (17 février 1800). Elle organise une administration totalement hiérarchisée depuis les **préfets**, qu'elle crée, jusqu'aux maires. Toutes ces autorités locales sont nommées par le pouvoir central.

Quels sont les apports de la IIIᵉ République ?

La IIIᵉ République est le point de départ de la décentralisation moderne. Après la révolution de juillet 1830, des lois sur l'organisation locale avaient été votées, et certains projets avaient été élaborés à la fin du Second Empire (1852-1870). Mais c'est le changement de régime politique en 1870 qui amorce de réelles évolutions administratives. Cette longue période de soixante-dix ans (1870-1940) est surtout marquée par le vote de deux lois qui vont s'appliquer durant plusieurs décennies.

▶ **La loi du 10 août 1871 sur les conseils généraux** est adoptée au lendemain de la Commune de Paris. Le conseil général devient l'entité chargée de gérer les affaires du département. Il est aidé en cela par une commission départementale élue en son sein et dont les réunions étaient plus fréquentes que celle du conseil général.

Le préfet détient la fonction exécutive et reste le véritable «patron» de l'administration départementale. Président du conseil général, il dirige les séances. C'est la crainte de confier trop de pouvoirs à un élu départemental qui conduit à la mise en place de ce régime de semi-décentralisation qui va perdurer jusqu'en 1982.

▶ **L'autre loi est celle du 5 avril 1884 relative à l'organisation municipale**, encore appelée la Grande Charte municipale. Elle fait de la commune une véritable collectivité décentralisée car le conseil municipal, désormais, « règle par ses délibérations les affaires de la commune ». L'organisation de la commune, le fonctionnement de ses organes, fixés par cette loi, ne connaîtront que très peu d'évolutions jusqu'à nos jours. Les lois de décentralisation des années 1980 ne concerneront qu'assez peu la commune, en dehors de la question des compétences.

Quels sont les apports des lois de décentralisation des années 1980 ?

Adoptées à partir de 1982, les « lois Defferre » (du nom du ministre de l'Intérieur et de la Décentralisation de l'époque) correspondent à la volonté politique de la gauche, alors au pouvoir, de réaliser une profonde décentralisation de l'administration française. Ces lois constituent ce que l'on a appelé plus tard l'« acte I » de la décentralisation.

▶ **La première loi est celle du 2 mars 1982 relative aux droits et libertés des communes, des départements et des régions**. Elle remplace la tutelle pesant sur les collectivités territoriales par un contrôle *a posteriori* confié au juge administratif, transfère la fonction exécutive départementale et régionale au profit des présidents de conseil général et de conseil régional, et transforme les régions en collectivités territoriales de plein exercice.

Suivirent de très nombreux textes, relatifs :

– à certaines **collectivités particulières** (Corse, régions d'outre-mer, certains territoires d'outre-mer comme la Nouvelle-Calédonie et la Polynésie française…) ;

– au **nouveau mode de scrutin des communes** de 3 500 habitants et plus ;

– au **transfert des compétences de l'État vers les collectivités territoriales** dans de nombreux domaines (urbanisme, action sociale, formation professionnelle, gestion des collèges et lycées) par les lois des 7 janvier et 22 juillet 1983.

La loi du 26 janvier 1984 crée une **fonction publique territoriale**.

▶ Les alternances qui ont suivi n'ont pas remis en cause les principes de ces lois, et n'ont procédé qu'à des modifications mineures ou à des approfondissements :

– loi du 3 février 1992 : premiers éléments d'un **statut des élus locaux** ;

– loi du 6 février 1992 : premières formes de **démocratie locale** (consultation des électeurs locaux) et relance de la politique de **coopération intercommunale** (création des communautés de communes, approfondie par la loi du 12 juillet 999) ;

– nouveau **mode de scrutin régional** (loi du 19 janvier 1999) et évolution du **régime statutaire de la Nouvelle-Calédonie** (loi du 19 mars 1999).

Qu'appelle-t-on l'« acte II » de la décentralisation ?

Une nouvelle période dans la politique de décentralisation s'ouvre avec la nomination de Jean-Pierre Raffarin comme Premier ministre, en mai 2002. Ses initiateurs l'ont baptisée « acte II » pour montrer à la fois qu'elle se situait à la suite de ce qui est alors qualifié d'« acte I » et qu'elle se démarquait de celui-ci.

▶ Cet « acte II » a commencé par le vote de la **loi constitutionnelle du 28 mars 2003, relative à l'organisation décentralisée de la République**. Cette première révision importante du titre XII de la Constitution, consacré aux collectivités territoriales depuis 1958, visait à permettre des évolutions juridiques et statutaires que le texte initial, tel qu'il avait été interprété par la jurisprudence du Conseil constitutionnel, interdisait. Il en est ainsi de la reconnaissance de l'**expérimentation législative** et de la possibilité de donner à une collectivité la qualité de **chef de file** pour gérer des compétences communes à plusieurs niveaux de collectivités.

Cette révision introduit aussi plusieurs dispositions novatrices relatives notamment aux finances afin de permettre des **évolutions statutaires pour les collectivités situées outre-mer**.

Elle consacre enfin le principe selon lequel **l'organisation de la République française «est décentralisée»** (art. 1er de la Constitution).

▶ L'«acte II» devait être aussi l'occasion d'une **vaste redistribution des compétences entre l'État et les différents niveaux territoriaux**. Cette ambition s'est traduite par la **loi du 13 août 2004** relative aux libertés et responsabilités locales. Le contenu de la loi, qui certes attribue de nouvelles compétences aux collectivités, ne répond pas totalement à l'objectif initial.

La réforme entreprise à partir de 2010 a mis fin, de manière anticipée, à l'«acte II» dont toutes les potentialités n'avaient pas été épuisées.

Quelles ont été les innovations de la réforme de 2010 ?

▶ Cette réforme a été présentée par certains comme l'«acte I de la recentralisation», par d'autres comme l'«acte III» de la décentralisation. Elle a été adoptée par la **loi du 16 décembre 2010**, dite de «réforme des collectivités territoriales». Cette loi devait être suivie d'autres textes, notamment de caractère électoral, mais qui n'ont pas été discutés au Parlement.

Elle avait été précédée de la loi de finances pour 2010 qui avait supprimé la taxe professionnelle pour la remplacer par la contribution économique territoriale. Mais, initialement, la réforme des finances locales devait former un ensemble homogène avec les réformes institutionnelles et celles relatives aux compétences.

▶ La réforme de 2010 avait pour objectif de **réaliser des économies substantielles de gestion** et de réduire le «millefeuille» territorial qui caractériserait la France (trop de niveaux d'administrations locales, trop de collectivités territoriales).

L'objectif était de rationaliser les rapports entre les départements et les régions **en créant un élu commun, le conseiller territorial**, qui aurait été élu dans des cantons redessinés.

Enfin, elle entendait **limiter les compétences des départements et des régions** à celles que la loi devait leur attribuer, supprimant partiellement la clause générale de compétence pour ces deux niveaux territoriaux, tout en permettant de mutualiser leurs services, et de déléguer la gestion de ces compétences d'un niveau à l'autre.

▶ Le changement de majorité au Parlement, à la suite de l'élection présidentielle de 2012, a rendu cette loi en partie caduque. Il en reste toutefois un certain nombre d'**innovations de taille**.

Elle modifie les rapports entre les communes et les intercommunalités : elle facilite l'achèvement et la rationalisation de la carte intercommunale en obligeant chaque commune à adhérer à un établissement public de coopération intercommunale ; elle crée de nouvelles structures de coopération intercommunale, les métropoles et pôles métropolitains. Elle met en place l'**élection au suffrage universel direct des délégués des communes** au sein des conseils des différentes communautés (de communes, d'agglomération ou urbaines), en même temps que celle des conseillers municipaux.

Vers un acte III de la décentralisation ?

L'arrivée à l'Assemblée nationale d'une nouvelle majorité, à la suite de l'élection présidentielle de mai 2012 et des élections législatives de juin 2012, a mis fin à plusieurs des innovations portées par la réforme de 2010. Cependant, plutôt que de parler d'un « acte III », volonté initiale du président de la République nouvellement élu, le gouvernement a préféré amorcer un mouvement de « modernisation de l'action publique territoriale » qui s'appuie ainsi sur un nouveau mouvement législatif en faveur de la décentralisation.

▶ Le conseiller territorial, institué par la réforme de 2010, a été supprimé par la loi du 17 mai 2013 relative à l'élection des conseillers départementaux, des conseillers municipaux et des conseillers communautaires, et modifiant le calendrier électoral. Il a été remplacé par le **conseiller départemental** élu selon un mode de scrutin novateur, le **scrutin binominal paritaire**, dans le cadre de cantons élargis.

▶ La **clause générale de compétence** des départements et des régions – qui signifie que ces collectivités disposent d'une capacité d'intervention qui n'est pas limitée par une énumération de compétences – a été rétablie par la loi sur la modernisation de l'action publique territoriale et d'affirmation des métropoles (MAPTAM) du 27 janvier 2014.

Toutefois, le projet de loi portant nouvelle organisation territoriale de la République (NOTRe), en cours de discussion au Parlement début 2015, propose de supprimer à nouveau la clause générale de compétence pour les départements et les régions.

▶ **La carte régionale a été redessinée** par la loi du 16 janvier 2015 (*voir p. 27*).

▶ **La répartition des compétences entre collectivités territoriales va être clarifiée**. C'est l'objet du projet de loi portant nouvelle organisation territoriale de la République, qui confie de nouvelles compétences aux régions.

▶ **L'exercice des mandats électifs et des responsabilités politiques est en cours de redéfinition** :
– proposition de loi visant à faciliter l'exercice, par les élus locaux, de leur mandat (adoption en deuxième lecture par le Sénat en janvier 2014 et par l'Assemblée nationale en janvier 2015) ;

– rapport parlementaire de l'Assemblée nationale sur le **statut de l'élu** du 19 juin 2013, des députés Philippe Doucet et Philippe Gosselin ;

– lois organique et ordinaire du 14 février 2014 interdisant à partir de 2017 le **cumul de fonctions exécutives locales avec le mandat de parlementaire national ou européen** ;

– lois organique et ordinaire relatives à la **transparence de la vie publique** du 11 octobre 2013, qui ont pour objet de prévenir les conflits d'intérêts des élus locaux et nationaux, ainsi que d'assurer la transparence démocratique. Elles créent la **Haute Autorité pour la transparence de la vie publique (HATVP)**, autorité administrative indépendante, qui remplace, avec des pouvoirs et des moyens élargis, la Commission pour la transparence financière de la vie politique.

▶ **Des continuités peuvent être observées** entre, d'une part, la loi du 16 décembre 2010 et les textes précédents et, d'autre part, les réformes entreprises à partir de 2012, certes avec des évolutions : amplification du phénomène de métropolisation avec la création par la loi de trois grandes métropoles de nature différente (Paris, Lyon, Aix-Marseille) et de métropoles de droit commun, achèvement et rationalisation de la carte de l'intercommunalité, meilleure définition du chef de filât et volonté de clarifier les compétences locales, exercice des mandats locaux, etc.

La nouvelle carte régionale et la disparition des départements telle qu'elle avait été envisagée par le Gouvernement, mais qui s'est heurtée à de nombreuses résistances, notamment pour les moins urbains d'entre eux, pourraient cependant être de nature à modifier le paysage territorial français.

LES GRANDES DATES DE LA DÉCENTRALISATION

1789-1830 : la période révolutionnaire, centralisme et décentralisation

→ **Nuit du 4 août 1789** : fin des privilèges des provinces, villes et communautés d'habitants.

→ **Lois des 14 et 22 décembre 1789** : découpage en 83 départements, subdivisés en 6 à 9 districts, cantons, et en villes et villages (44 000).

→ **Décret du 14 frimaire an II** (4 décembre 1793) relatif au gouvernement révolutionnaire : suppression des conseils de département et transfert de leurs compétences aux administrations de districts soumises directement au contrôle du Comité de salut public.

→ **Constitution du 5 fructidor an III** (22 août 1795) : rétablissement des administrations départementales et suppression des districts. Création des commissaires du Directoire, agents du pouvoir exécutif dans les départements et les municipalités.

→ **Loi du 28 pluviôse an VIII** (17 février 1800) : restauration des administrations municipales ; création du préfet.

1830-1939 : les débuts de la démocratie locale

→ **Monarchie de Juillet** : plusieurs lois sur l'organisation locale.

→ **Décret du 25 mars 1852** : décentralisation administrative, qui opère surtout de la déconcentration.

→ **Mars-mai 1871** : Commune de Paris, mouvement insurrectionnel visant à gérer l'État comme une commune.

→ **Loi départementale du 10 août 1871** : charte de l'organisation départementale telle qu'on la connaît aujourd'hui. C'est aussi la « départementalisation » du département.

→ **Loi municipale du 5 avril 1884** : charte d'organisation municipale.

→ **Loi du 22 mars 1890** : création de la première forme de coopération locale, le syndicat intercommunal à vocation unique (SIVU).

1940-1944 : le Régime de Vichy

→ Volonté d'instaurer un État centralisé autoritaire : suppression du principe de l'élection et nomination de toutes les autorités décentralisées afin de les contrôler.

→ Les anciennes provinces se substituent aux départements (1940).

→ Création de six préfets régionaux qui ont des pouvoirs spéciaux de police, ainsi qu'en matière économique (loi du 19 avril 1941).

1944-1982 : une lente consécration

→ **Élections municipales des 29 avril et 13 mai 1945** : participation pour la première fois des Françaises, à la suite de l'ordonnance du 21 avril 1944.

→ **Projet de Constitution du 19 avril 1946** : consécration constitutionnelle des communes, départements et territoires d'outre-mer, et proclamation du principe de leur libre administration dans le cadre de la loi.

→ **Constitution du 27 octobre 1946** : *cf.* projet du 19 avril. Mais les principes ne sont pas tous appliqués (ex. transfert de l'exécutif départemental du préfet à une autorité élue).

→ **Constitution du 4 octobre 1958** : un titre spécifique est consacré aux collectivités territoriales (art. 72 s.).

→ **Décret du 14 mars 1964** : institutionnalisation du préfet de région ; création dans chaque région d'une commission de développement économique régional (CODER).

→ **Référendum du 27 avril 1969** proposant notamment la création des régions comme collectivités territoriales. « Non » majoritaire.

→ **Loi du 5 juillet 1972** : création des établissements publics régionaux (EPR).

L'approfondissement : les actes I et II de la décentralisation

→ **Loi du 2 mars 1982 relative aux droits et libertés des communes, des départements et des régions**, qui constitue, avec la quarantaine de lois d'accompagnement, l'« acte I » de la décentralisation.

→ **Loi du 6 février 1992 relative à l'administration territoriale de la République**, renforçant la décentralisation, la déconcentration et la coopération locale.

→ **Loi organique du 12 avril 1996** sur la Polynésie française et **loi constitutionnelle du 20 juillet 1998** sur la **Nouvelle-Calédonie** : vers plus d'autonomie pour ces territoires d'outre-mer.

→ **Lois du 4 février 1995** d'orientation pour l'aménagement et le développement du territoire (**LOADT**), dite « loi Pasqua », du **25 juin 1999** d'orientation pour l'aménagement et le développement durable du territoire, dite « loi Voynet », et du **12 juillet 1999** relative au renforcement et à la simplification de la coopération intercommunale, dite « **loi Chevènement** ».

→ **Lois du 13 mai 1991** et du **22 janvier 2002** : évolution du statut de la **Corse**.

→ **Loi constitutionnelle du 8 juillet 1999**, et **loi du 6 juin 2000**, complétée par la **loi du 11 avril 2003** : **parité** et égal accès des femmes et des hommes aux mandats électoraux et fonctions électives.

→ **Loi du 27 février 2002** relative à la **démocratie de proximité**.

→ **Loi constitutionnelle du 28 mars 2003**, dite « **acte II** » de la décentralisation, et lois d'application.

Vers une relance de la décentralisation

→ **Loi du 16 décembre 2010** de réforme des collectivités territoriales.

→ **Loi organique et loi du 17 mai 2013** relatives **à l'élection des conseillers départementaux, des conseillers municipaux et des délégués communautaires**, et modifiant le calendrier électoral.

→ **Loi du 27 janvier 2014** sur la modernisation de l'action publique territoriale et d'affirmation des métropoles (MAPTAM).

→ **Loi du 16 janvier 2015 relative à la délimitation des régions, aux élections régionales et départementales** et modifiant le calendrier électoral.

→ **Projet de loi «portant nouvelle organisation territoriale de la République» (NOTRe)**, en cours d'examen au Parlement début 2015.

LES CATÉGORIES DE COLLECTIVITÉS TERRITORIALES

Qu'est-ce qu'une collectivité territoriale ou collectivité locale ?

Les collectivités territoriales sont des **personnes morales de droit public distinctes de l'État** et bénéficient à ce titre d'une **autonomie juridique et patrimoniale**.

Les collectivités territoriales apparaissent dans la Constitution de 1946 et l'expression sera reprise dans le texte de 1958. Elles sont aussi désignées sous le nom de « collectivités locales ». Si la Constitution a souhaité privilégier les « collectivités territoriales » (art. 34 al. 13 et art. 72), ainsi que le code général des collectivités territoriales créé en 1996, les deux expressions sont employées de manière équivalente dans le langage courant.

▶ Selon l'alinéa 3 de l'article 72, les collectivités territoriales **s'administrent librement** dans les conditions prévues par la loi.

▶ Elles ne possèdent **que des compétences administratives**, ce qui leur interdit de disposer de compétences étatiques, comme édicter des lois ou des règlements autonomes, bénéficier d'attributions juridictionnelles ou de compétences propres dans la conduite de relations internationales.

▶ **Leur gestion est assurée par des conseils ou assemblées délibérantes élus au suffrage universel direct** et par des organes exécutifs qui peuvent ne pas être élus.

▶ **C'est la loi qui détermine leurs compétences** et non les collectivités elles-mêmes. Le législateur ne doit toutefois pas méconnaître le principe de leur libre administration et les priver de ce que le Conseil constitutionnel qualifie d'attributions effectives ou de compétences propres, sans en donner pour autant une liste.

Afin de les distinguer des établissements publics, y compris ceux gérant les différentes coopérations locales, les collectivités territoriales doivent bénéficier d'une **compétence générale leur permettant de prendre en charge toute affaire d'intérêt local**.

Quelles sont les catégories de collectivités territoriales dites de droit commun ?

▶ Les collectivités de droit commun correspondent à des **catégories qui ont vocation à se rencontrer sur l'ensemble du territoire**, que ce soit en métropole ou outre-mer. En font partie à ce jour : les **communes**, les **départements** et les **régions** (art. 72 al. 1er de la Constitution).

Ces collectivités, pour relever d'une catégorie, doivent posséder des caractéristiques identiques. Chaque commune appartient, par exemple, à la catégorie communale car elle est dotée d'un conseil municipal et d'un maire (déc. n° 82-149 DC du Conseil constitutionnel du 28 décembre 1982).

▶ **Mais ces catégories peuvent connaître des dérogations :** certaines collectivités, tout en ayant les caractéristiques générales de la catégorie, présentent des spécificités pour des raisons diverses.

Tel est le cas des grandes villes, Paris, Marseille et Lyon qui, du fait de l'importance de leur population, sont divisées en arrondissements. Il existe ainsi 20 arrondissements à Paris, 9 à Lyon et 16 à Marseille (regroupés en 8 secteurs). Mais le Conseil constitutionnel a précisé, dans la décision précitée du 28 décembre 1982, que ces arrondissements n'étaient pas une nouvelle catégorie de collectivités territoriales car ils ne bénéficiaient pas de la personnalité juridique.

Quant aux départements et régions d'outre-mer, tout en étant régis par un article spécifique de la Constitution (art. 73), ils peuvent faire l'objet d'adaptations tenant à leurs caractéristiques et à leurs contraintes particulières.

PARIS, COLLECTIVITÉ TERRITORIALE SPÉCIFIQUE

Un statut particulier à plus d'un titre

Ville-capitale, ville qui fut le théâtre de la Commune (1871), Paris a toujours attiré la méfiance du pouvoir étatique. Alors que le principe de l'élection du maire a été instauré définitivement pour toutes les communes par une loi de 1882, la cité parisienne **n'élit son maire que depuis la loi du 15 décembre 1975** (premières élections municipales en 1977).

Dans la même logique de méfiance à l'égard du pouvoir parisien, depuis l'arrêté du 12 messidor an VIII (1er juillet 1800), les compétences en matière de police restent, pour l'essentiel, assurées par un **préfet de police**, autorité étatique nommée en Conseil des ministres.

De plus, ville peuplée aujourd'hui de 2,2 millions d'habitants, Paris connaît un découpage en **arrondissements** ayant à leur tête un maire, en vertu de la loi du 31 décembre 1982. Les vingt maires d'arrondissement ne sont pas des maires de plein exercice, Paris ne connaissant qu'un seul maire, le maire de Paris élu par et parmi l'assemblée municipale délibérante qu'est le Conseil de Paris. Les mairies d'arrondissement ont un pouvoir d'avis (subventions, urbanisme), un pouvoir de décision concernant les équipements de proximité à vocation éducative, sociale, culturelle, sportive et d'information de la vie locale de l'arrondissement. Paris a ainsi développé une sorte de déconcentration.

Cette structuration « à étage » de la municipalité parisienne se retrouve dans le **mode de scrutin**. Les listes municipales parisiennes sont composées par arrondissement : les conseillers de Paris (siégeant à la fois au Conseil de Paris et au conseil de l'arrondissement où ils sont élus) constituent le « haut » des listes de candidats présentées dans les arrondissements.

Enfin, Paris est à ce jour **la seule commune à être également un département** : le maire de Paris est ainsi président du conseil départemental, et le Conseil de Paris est à la fois conseil municipal et conseil départemental, disposant des deux séries de compétences.

Des évolutions nouvelles dans le cadre de la coopération entre collectivités territoriales franciliennes

LE GRAND PARIS

La nécessité d'organiser les relations entre Paris et les collectivités territoriales de la « zone dense » (essentiellement la Petite Couronne, c'est-à-dire les trois départements limitrophes, Hauts-de-Seine, Seine-Saint-Denis et Val-de-Marne) est apparue récemment. Pour répondre à des besoins nouveaux des habitants (logement, transports, développement économique, etc.), il fallait imaginer de nouvelles mutualisations de services publics.

Un secrétariat d'État au développement de la Région capitale a ainsi été créé en 2009-2010. Puis la **loi du 3 juin 2010 relative au Grand Paris** a prévu la création de pôles économiques majeurs autour de Paris, et la mise en place d'un réseau de transport public pour relier ces pôles aux aéroports, gares TGV et centre de Paris. Cette loi est également à l'origine de la Société du Grand Paris, établissement public chargé de concevoir un métro automatique dans la banlieue parisienne. Le législateur n'a pas retenu les propositions institutionnelles qui visaient à regrouper les collectivités franciliennes dans de nouvelles structures.

Parallèlement, en 2009, à l'initiative des collectivités locales de la Petite Couronne et de Paris a été créé « **Paris Métropole** », syndicat **mixte d'études ouvert**. Au 1er juillet 2014, il rassemblait 212 collectivités (159 communes, 44 intercommunalités, 8 départements et la région Île-de-France).

LA MÉTROPOLE DU GRAND PARIS

La **loi de modernisation de l'action publique territoriale et d'affirmation des métropoles du 27 janvier 2014** a créé la métropole de Paris, établissement public de coopération intercommunale (EPCI) à fiscalité propre à statut particulier.

Cette métropole regroupe la commune de Paris et l'ensemble des communes des départements des Hauts-de-Seine, de la Seine-Saint-Denis et du Val-de-Marne. Son périmètre pourra également englober, sous conditions, les communes des autres départements franciliens appartenant à un EPCI ayant au moins une commune dans la Petite Couronne, ainsi que les communes en continuité avec une commune de la Petite Couronne (art. L.5219-1 CGCT).

Selon cet article nouveau du code général, cet EPCI est constitué en vue de la définition et de la mise en œuvre d'actions métropolitaines afin d'améliorer le cadre de vie de ses habitants, de réduire les inégalités entre les territoires qui composent la métropole, de développer un modèle urbain, social et économique durable. Ces objectifs sont destinés à promouvoir une meilleure attractivité et compétitivité au bénéfice de l'ensemble du territoire national. La métropole du Grand Paris élabore un projet métropolitain.

La métropole exerce de plein droit, en lieu et place de ses communes membres, les compétences énumérées par la loi et celles que les communes membres décident de lui transférer (art. L.5219-1 II et III CGCT).

→ **La gouvernance de la métropole**

La métropole est administrée par le **Conseil de la métropole du Grand Paris**, composé, par dérogation à l'article L.5211-6-1, de la façon suivante :

– un conseiller métropolitain par commune ;

– un conseiller supplémentaire par commune pour chaque tranche complète de 25 000 habitants.

De plus, des **conseils de territoire ont été créés par la loi**. En effet, la métropole du Grand Paris est organisée en territoires, d'un seul tenant et sans enclave, regroupant chacun au moins 300 000 habitants. Dans chacun d'entre eux est institué un conseil de territoire composé des délégués des communes incluses dans le périmètre du territoire.

Est également créée une **Assemblée des maires de la métropole du Grand Paris**. Composée de l'ensemble des maires des communes situées dans le ressort territorial de la métropole, elle se réunit au moins une fois par an pour débattre du programme d'actions et du rapport d'activité de la métropole.

Elle formule des avis et des recommandations qui sont transmis au conseil de la métropole.

Enfin, un **Conseil de développement** réunit les partenaires économiques, sociaux et culturels de la métropole du Grand Paris. Il est consulté sur les principales orientations de la métropole.

→ **Deux modalités particulières de mise en œuvre**

Afin de permettre la création dans de bonnes conditions de cette métropole du Grand Paris, la loi prévoit également deux modalités de mise en œuvre particulières.

D'une part, elle prévoit la création d'une **mission de préfiguration de la métropole du Grand Paris,** chargée de préparer les conditions juridiques et budgétaires de la création de cet EPCI à fiscalité propre. Le rapport au Gouvernement, que cette mission devait élaborer à cette fin pour le 31 décembre 2014, est devenu sans objet, l'article 6 du projet de loi NOTRe opérant cette rationalisation et l'étude d'impact portant sur cet article tenant lieu de rapport. Elle est également chargée de la préparation du diagnostic général, social, économique et environnemental du territoire métropolitain, faisant partie du futur projet métropolitain élaboré par la métropole du Grand Paris.

Présidée par le représentant de l'État dans la région d'Île-de-France et par le président du syndicat mixte d'études Paris Métropole, cette mission de préfiguration est composée d'un collège des élus (maires des communes des Hauts-de-Seine, Seine-Saint-Denis et Val-de-Marne ; maire de Paris et représentants du conseil de Paris ; présidents des conseils départementaux des Hauts-de-Seine, Seine-Saint-Denis, Val-de-Marne, Essonne, Seine-et-Marne, Val-d'Oise et Yvelines ; président du conseil régional d'Île-de-France ; présidents des EPCI à fiscalité propre des Hauts-de-Seine, Seine-Saint-Denis et Val-de-Marne ; président et coprésident de Paris Métropole, deux députés et deux sénateurs), ainsi que d'un collège des partenaires socio-économiques.

D'autre part, la loi autorise le Gouvernement à prendre **par ordonnances** les **mesures de nature législative propres à fixer les règles budgétaires, financières, fiscales et comptables applicables à cette métropole**. Le Gouvernement est également autorisé, dans les mêmes conditions, à compléter et à préciser les règles relatives au fonctionnement des conseils de territoire et à l'administration des territoires, ainsi que celles relatives aux concours financiers de l'État applicables à cet EPCI, de même que les dispositions relatives aux transferts des personnels.

L'existence de ce nouvel EPCI n'empêche pas le maintien de différents établissements publics spécialisés pour la gestion de certaines compétences (Syndicat des transports d'Île-de-France, Société du Grand Paris, etc.), ou d'établissements publics d'aménagement (celui de Paris-Saclay, art. L. 321-37 du code de l'urbanisme ; site de La Défense ; etc.).

Qu'est-ce que la commune ?

**La commune est la collectivité administrative de « base »
ou de proximité.** C'est également la plus ancienne et pro-
bablement la plus identifiée par les administrés.

▶ C'est la loi du 14 décembre 1789 qui a érigé en communes
« toutes les communautés d'habitants » (paroisses, villages,
bourgs, villes) existant au moment de la Révolution française. Ceci explique le **nombre important de communes
en France** : **36 767** en 2014 (36 552 en métropole, 129 dans
les départements d'outre-mer et 86 dans les collectivités
d'outre-mer et la Nouvelle-Calédonie). Plus de 86 % des
communes ont moins de 2 000 habitants ; 11 communes ont
une population supérieure à 200 000 habitants.

▶ Les communes connaissent une **organisation administrative unique, quelle que soit leur taille**. Depuis la loi
municipale de 1884, elles sont gérées par le **conseil municipal** et par le **maire**. Le premier est élu au suffrage universel
direct. Le second est élu par et parmi le conseil municipal.

Organe exécutif de la commune-collectivité décentralisée,
le maire est par ailleurs le représentant de l'État dans la
commune-circonscription déconcentrée. Au titre de cette
seconde fonction, il gère l'état civil, organise les élections et
a la qualité d'officier de police judiciaire. On dit qu'il connaît
un dédoublement fonctionnel.

▶ Les communes bénéficient de la **compétence générale
pour gérer toute affaire d'intérêt communal**. Les compétences de la commune s'articulent autour de l'urbanisme et
de la maîtrise des sols (plan local d'urbanisme – sous réserve
de la compétence éventuelle des établissements publics de
coopération intercommunale et des métropoles –, délivrance
des permis de construire), de l'enseignement (gestion des
écoles élémentaires et maternelles), de la culture et du
patrimoine (bibliothèques, musées, offices du tourisme) …

Le champ de compétences des communes est susceptible
d'évoluer en fonction de l'adoption de textes en cours

d'examen au Parlement début 2015 (projet de loi portant nouvelle organisation territoriale de la République).

Qu'est-ce que le département ?

Le département a été créé par la Révolution française pour rapprocher les administrés de l'administration. Le découpage départemental a été fait de telle sorte qu'il soit possible de se rendre au chef-lieu en une journée de cheval. Objet de tentatives régulières de suppression, le département s'est imposé comme un cadre essentiel de l'administration de l'État grâce au préfet (de département), et comme niveau décentralisé adapté aux politiques de solidarité.

▶ La France compte **96 départements en métropole** et **5 outre-mer** (Guadeloupe, Guyane, Martinique, La Réunion et Mayotte). Par la loi du 27 juillet 2011, la Guyane et la Martinique ont été érigées en **deux collectivités uniques**, ayant à la fois des compétences départementales et des compétences régionales, qui devraient voir le jour fin 2015.

▶ À compter de la loi de 1871, le département a été géré par un **conseil général élu au suffrage universel direct**, et le **préfet**, autorité nommée par l'État, qui possédait de ce fait « une double casquette ». Il a été mis fin à cette situation, qualifiée parfois de semi-décentralisation, par la **loi du 2 mars 1982** qui **a transféré la fonction d'exécutif départemental au président du conseil général** (désormais appelé conseil départemental), élu au sein et par ce dernier.

Le département est divisé en **cantons** qui servent chacun à l'élection d'un conseiller général (désormais conseiller départemental). Est ainsi assurée la représentation de la diversité des territoires du département.

▶ La **réforme territoriale de 2010** prévoyait qu'à compter de 2014 les conseils généraux devaient être composés des conseillers territoriaux, qui devaient exercer aussi les fonctions de conseillers régionaux. Cependant, **la loi du 17 mai 2013** a supprimé le conseiller territorial, et l'a remplacé par un binôme paritaire élu dans un canton élargi. Cette même loi a désigné l'assemblée délibérante (jusqu'alors «conseil général») sous le nom de «conseil départemental».

▶ Les départements ont des compétences en matière :
– d'**action sociale**, vocation prioritaire du département (revenu de solidarité active, RSA ; allocation personnalisée d'autonomie, APA ; gestion des services de protection maternelle et infantile, PMI ; aide aux personnes handicapées…) ;
– de **grands équipements** et de **voirie** (gestion des routes départementales, ports, aérodromes) ;
– d'**enseignement** (gestion des collèges) ;
– d'**aménagement rural** (remembrement).

Cette liste de compétences est susceptible d'évoluer en fonction de l'adoption de textes en cours d'examen au Parlement début 2015 (projet de loi portant nouvelle organisation territoriale de la République).

La clause de compétence générale, en partie supprimée par la réforme du 16 décembre 2010, a été restaurée au profit des départements par la loi du 27 janvier 2014 de modernisation de l'action publique territoriale et d'affirmation des métropoles. Toutefois, le projet de loi précité portant nouvelle organisation territoriale de la République propose à nouveau sa suppression.

Qu'est-ce que la région ?

La région est à la fois la plus grande collectivité territoriale de droit commun et la plus récente.

▶ Dans le cadre territorial des programmes d'action régionale, créés en 1955, l'État a développé l'implantation d'administrations déconcentrées dans les années 1960, avec la **création des préfets de région par le décret du 14 mars 1964**. L'échec du référendum du 27 avril 1969 sur la réforme du Sénat et la création des régions sous la forme de collectivités territoriales a conduit le législateur à ne créer, par la **loi du 5 juillet 1972**, que des **établissements**

publics régionaux dotés de compétences très réduites et administrés par un conseil régional, non élu au suffrage universel direct, et par le préfet de région.

Il a fallu attendre la loi du 2 mars 1982 pour que la région devienne, dans son principe, une collectivité territoriale, sur le modèle des communes et des départements. C'est après la loi du 10 juillet 1985 qui fixa le mode scrutin que les régions furent véritablement considérées comme des collectivités. Les premières élections régionales ont eu lieu en mars 1986 (loi du 6 janvier 1986 relative à l'organisation des régions).

▶ Chacune des régions est administrée par :
– le **conseil régional** ;
– le **président du conseil régional** auquel a été transférée la fonction exécutive par la loi du 2 mars 1982 ;
– le **conseil économique, social et environnemental régional**, organe non élu et aux attributions consultatives.

▶ Les **compétences** de la région sont surtout centrées sur le **développement et l'aménagement du territoire**. Le contenu des attributions de la région est susceptible d'évoluer en fonction de l'adoption de textes en cours d'examen au Parlement début 2015 (projet de loi portant nouvelle organisation territoriale de la République).

La **clause générale de compétence**, en partie supprimée par la réforme du 16 décembre 2010, a été restaurée au profit des régions par la loi du 27 janvier 2014 de modernisation de l'action publique territoriale et d'affirmation des métropoles. Toutefois le projet de loi portant nouvelle organisation territoriale de la République précité propose à nouveau sa suppression : il limite la compétence de la région aux domaines expressément prévus par la loi, en garantissant toutefois la possibilité d'intervention en matière de logement et d'habitat, ainsi que dans les domaines de la politique de la ville et de la rénovation urbaine.

▶ La loi du 16 janvier 2015 a dessiné une nouvelle carte des régions métropolitaines (*voir ci-contre*).

Régions et départements en métropole

NORD-PAS-DE-CALAIS — Lille
HAUTE-NORMANDIE — Amiens
PICARDIE
Châlons-sur-Marne
Caen — Rouen — Metz — ALSACE
BASSE-NORMANDIE — Paris — LORRAINE — Strasbourg
ÎLE-DE-FRANCE — CHAMPAGNE-ARDENNE
Rennes
BRETAGNE
PAYS DE LA LOIRE — Orléans
BOURGOGNE — FRANCHE-COMTÉ
Nantes — CENTRE — Dijon — Besançon
Poitiers
POITOU-CHARENTES — LIMOUSIN — Clermont-Ferrand — Lyon
Limoges — RHÔNE-ALPES
AUVERGNE
Bordeaux
AQUITAINE
MIDI-PYRÉNÉES — PROVENCE-ALPES-CÔTE D'AZUR
Toulouse — Montpellier — Marseille
LANGUEDOC-ROUSSILLON
CORSE
Ajaccio

© Dila, Paris, 2015

Limites des départements
Limites des anciennes régions
Limites des régions issues de la loi de 2015
Anciens chefs-lieux de région

Régions et départements de métropole
Alsace, Champagne-Ardenne, Lorraine : Bas-Rhin (67), Haut-Rhin (68), Ardennes (08), Aube (10), Marne (51), Haute-Marne (52), Meurthe-et-Moselle (54), Meuse (55), Moselle (57), Vosges (88)
Aquitaine, Limousin, Poitou-Charentes : Dordogne (24), Gironde (33), Landes (40), Lot-et-Garonne (47), Pyrénées-Atlantiques (64), Corrèze (19), Creuse (23), Haute-Vienne (87), Charente (16), Charente-Maritime (17), Deux-Sèvres (79), Vienne (86)
Auvergne, Rhône-Alpes : Allier (03), Cantal (15), Haute-Loire (43), Puy-de-Dôme (63), Ain (01), Ardèche (07), Drôme (26), Isère (38), Loire (42), Rhône (69), Savoie (73), Haute-Savoie (74)
Basse-Normandie et Haute-Normandie (deviennent Normandie) : Calvados (14), Manche (50), Orne (61), Eure (27), Seine-Maritime (76)
Bourgogne, Franche-Comté : Côte-d'Or (21), Nièvre (58), Saône-et-Loire (71), Yonne (89), Doubs (25), Jura (39), Haute-Saône (70), Territoire de Belfort (90)
Bretagne : Côtes-d'Armor (22), Finistère (29), Ille-et-Vilaine (35), Morbihan (56)
Centre (devient Centre Val de Loire) : Cher (18), Eure-et-Loir (28), Indre (36), Indre-et-Loire (37), Loir-et-Cher (41), Loiret (45)
Corse : Corse-du-Sud (2A), Haute-Corse (2B)
Île-de-France : Paris (75), Seine-et-Marne (77), Yvelines (78), Essonne (91), Hauts-de-Seine (92), Seine-Saint-Denis (93), Val-de-Marne (94), Val-d'Oise (95)
Languedoc-Roussillon, Midi-Pyrénées : Aude (11), Gard (30), Hérault (34), Lozère (48), Pyrénées-Orientales (66), Ariège (09), Aveyron (12), Haute-Garonne (31), Gers (32), Lot (46), Hautes-Pyrénées (65), Tarn (81), Tarn-et-Garonne (82)
Nord-Pas-de-Calais, Picardie : Nord (59), Pas-de-Calais (62), Aisne (02), Oise (60), Somme (80)
Pays de la Loire : Loire-Atlantique (44), Maine-et-Loire (49), Mayenne (53), Sarthe (72), Vendée (85)
Provence-Alpes-Côte d'Azur : Alpes-de-Haute-Provence (04), Hautes-Alpes (05), Alpes-Maritimes (06), Bouches-du-Rhône (13), Var (83), Vaucluse (84)

Régions et départements d'Outre-Mer
Guadeloupe : Guadeloupe (971) ; **Guyane** (collectivité unique à compter de fin 2015) ; **La Réunion :** La Réunion (974) ;
Martinique (collectivité unique à compter de fin 2015) ; **Mayotte :** Mayotte (976).

Quelle nouvelle carte pour les régions ?

▶ Une nouvelle carte à **12 régions métropolitaines** (au lieu de 21 précédemment), **auxquelles s'ajoute la collectivité territoriale de Corse**, est publiée dans la loi n° 2015-29 du 16 janvier 2015 relative à la délimitation des régions, aux élections régionales et départementales et modifiant le calendrier électoral. Le Conseil constitutionnel (décision n° 2014-709 DC du 15 janvier 2015) n'a pas censuré les principales dispositions de la loi telles qu'elles avaient été adoptées par l'Assemblée nationale en dernière lecture.

« Sans préjudice des dispositions applicables aux régions d'outre-mer et à la collectivité territoriale de Corse », cette nouvelle carte acte le rattachement de plusieurs régions :
- Alsace, Champagne-Ardenne et Lorraine
- Aquitaine, Limousin et Poitou-Charentes
- Auvergne et Rhône-Alpes
- Bourgogne et Franche-Comté
- Languedoc-Roussillon et Midi-Pyrénées
- Nord-Pas-de-Calais et Picardie
- Basse-Normandie et Haute-Normandie

Cinq régions restent inchangées :
- Bretagne
- Centre (qui prend le nom de Centre-Val de Loire)
- Île-de-France
- Pays de la Loire
- Provence-Alpes-Côte d'Azur.

▶ Pendant une période transitoire (qui prendra fin au cours du premier semestre 2016 par décret en Conseil d'État après avis du nouveau conseil régional), les nouvelles régions issues d'une fusion portent un **nom provisoire** constitué de la juxtaposition, dans l'ordre alphabétique, des noms des régions regroupées. Seule la région issue de la fusion de la Basse-Normandie et de la Haute-Normandie, a été définitivement nommée par la loi (« Normandie »).

Par ailleurs, dans les régions issues d'un regroupement, un chef-lieu de région devra être choisi. Un **chef-lieu provisoire** va être fixé par décret avant le 31 décembre 2015. Après avis du nouveau conseil régional issu des élections régionales de décembre 2015, un décret en Conseil d'État, pris avant le 1er juillet 2016, déterminera le chef-lieu définitif. Seule Strasbourg a été désignée par avance dans la loi comme capitale de la future région regroupant Alsace, Champagne-Ardenne et Lorraine.

▶ La loi prévoit un **droit d'option** pour les départements qui souhaiteraient se rattacher à une autre région dont ils sont limitrophes, mais exige des délibérations concordantes adoptées à la majorité des trois cinquièmes des suffrages exprimés (art. 3 de la loi modifiant l'art. L4122-1-1 CGCT).

Enfin, la loi reporte à mars 2015 les élections départementales et à décembre 2015 les élections régionales.

Quel est le statut de la Corse?

La Corse a été la seule **collectivité territoriale à statut particulier** au sens de l'article 72 al. 1er de la Constitution, jusqu'à la création de la métropole de Lyon par la loi de modernisation de l'action publique territoriale et d'affirmation des métropoles de 2014.

▶ Alors que la Corse a longtemps été un département comme les autres, la politique de régionalisation et l'impossibilité de constituer des régions métropolitaines ne comprenant qu'un seul département ont conduit à la création des deux départements de Corse du Sud et de Haute-Corse par la loi du 15 mai 1975.

▶ Les revendications locales vers plus d'autonomie ou en faveur de l'indépendance ont avivé le souhait de doter la Corse d'un **statut spécifique**. C'est dans ce sens qu'elle est devenue une région métropolitaine avant les autres par la **loi du 2 mars 1982 portant statut particulier de la région Corse, complétée par la loi du 30 juillet 1982** relative aux compétences. Ces lois prévoyaient que l'organisation de cette région tienne compte de ses spécificités résultant de sa géographie et de son histoire.

La Corse était ainsi dotée d'une Assemblée de Corse et de compétences assez étendues. Ce statut régional anticipé a perdu de son originalité avec la fixation des règles de fonctionnement des autres régions métropolitaines (loi du 6 janvier 1986).

▶ De ce fait, des revendications nouvelles ont vu le jour, s'appuyant sur les exemples de régions insulaires d'autres pays d'Europe qui bénéficient d'un statut d'autonomie (Sardaigne, Sicile, Baléares, Canaries et Madère). Elles ont abouti avec la promulgation de la **loi du 13 mai 1991 portant statut de la collectivité territoriale de Corse** qui fait de la Corse une **collectivité territoriale à statut particulier**. Si celle-ci n'est donc plus une véritable région, elle est malgré tout régie, dans tous les cas où n'existe aucune disposition spécifique, par le droit applicable aux régions. Toutefois, de manière originale pour une collectivité décentralisée française, elle connaît un mécanisme de responsabilité politique de l'exécutif devant l'Assemblée de Corse, celle-ci pouvant en effet voter une motion de défiance (un peu sur le modèle du système parlementaire allemand).

La **loi du 22 janvier 2002 relative à la Corse** lui a donné des compétences nouvelles, mais n'en a pas modifié le statut.

Le projet de loi portant nouvelle organisation territoriale de la République, en cours d'examen au Parlement début 2015, comporte plusieurs dispositions relatives à la collectivité territoriale de Corse : son article 13 procède à plusieurs ajustements propres à améliorer le fonctionnement des institutions de cette collectivité (compétences, retour au sein de l'Assemblée de Corse des membres de l'exécutif en cas de démission collective ou de vote d'une motion de défiance, prolongement du Programme exceptionnel d'investissements pour la Corse, etc.).

Qu'est-ce que la métropole de Lyon créée par la loi en 2014 ?

▶ La métropole de Lyon est une **nouvelle collectivité territoriale** créée par la loi du 27 janvier 2014 de modernisation de l'action publique territoriale et d'affirmation des métropoles dite «MAPTAM» (art. 26 et s.).

Malgré son appellation, cette collectivité territoriale **ne doit pas être confondue avec les métropoles** créées par les lois des 16 décembre 2010 et 27 janvier 2014, qui sont des établissements publics de coopération intercommunale. La métropole de Lyon, quant à elle, est une **collectivité à statut particulier**, au sens de l'article 72 de la Constitution, créée en lieu et place de la communauté urbaine de Lyon et du département du Rhône qu'elle remplace sur le territoire métropolitain, à compter du 1er janvier 2015.

▶ La métropole de Lyon forme un espace de solidarité pour élaborer et conduire un projet d'aménagement et de développement économique, écologique, éducatif, sportif, culturel et social de son territoire, afin d'en améliorer la compétitivité et la cohésion. Elle assure les conditions de son développement économique, social et environnemental au moyen des infrastructures, réseaux et équipements structurants métropolitains (art. L. 3611-2 CGCT).

Unique en France à ce jour, la métropole de Lyon **pourrait devenir un modèle d'organisation territoriale** pour les aires urbaines. La loi MAPTAM de 2014 prévoit en effet un statut métropolitain adapté aux caractéristiques locales des grandes agglomérations.

LA MÉTROPOLE DE LYON, UNE COLLECTIVITÉ TERRITORIALE À STATUT SPÉCIFIQUE

La métropole de Lyon a été créée par la loi MAPTAM du 27 janvier 2014. Malgré son appellation, elle se différencie des métropoles créées par les lois des 16 décembre 2010 et 27 janvier 2014. En effet, c'est dans la troisième partie du code général des collectivités territoriales, intitulée «Le département», que la loi MAPTAM insère un livre VI consacré à la métropole de Lyon, qu'il qualifie de «collectivité à statut particulier, au sens de l'article 72 de la Constitution, dénommée "métropole de Lyon", en lieu et place de la communauté urbaine de Lyon et, dans les limites territoriales précédemment reconnues à celle-ci, du département du Rhône» (art. L.3611-1 CGCT).

En dehors du territoire métropolitain, le département du Rhône continue d'exercer ses compétences de plein exercice.

→ L'organisation de la métropole de Lyon comprend le conseil de la métropole, ainsi que les conférences territoriales des maires et la conférence métropolitaine.

Le **conseil de la métropole** (art. L.3631-2 CGCT) est l'**assemblée délibérante** de cette collectivité. Il est composé des conseillers métropolitains, élus au suffrage universel direct. Le conseil de la métropole élit en son sein un **président**, au scrutin secret, à la majorité absolue des membres du conseil de la métropole aux deux premiers tours de scrutin, et à la majorité relative au troisième tour, comme dans tous les autres organes exécutifs des collectivités territoriales. Le conseil de la métropole élit également les membres de la commission permanente et des vice-présidents, là-encore sur le modèle du conseil départemental (ex-général).

Les **conférences territoriales des maires** (art. L.3633-1 CGCT) sont instituées sur le territoire de la métropole de Lyon. Leur périmètre est déterminé par délibération du conseil de la métropole. Elles ont un **rôle consultatif**, notamment lors de l'élaboration et de la mise en œuvre de politiques de la métropole. Chaque conférence territoriale des maires élit en son sein un président et un vice-président. Chacune se réunit au moins une fois par an à l'initiative de son président ou à la demande de la moitié de ses membres, sur un ordre du jour déterminé. Le règlement intérieur du conseil de la métropole fixe les modalités de fonctionnement des conférences territoriales des maires.

La **conférence métropolitaine** (art. L.3633-2 CGCT) est une **instance de coordination** entre la métropole de Lyon et les communes situées sur son territoire au sein de laquelle peuvent être débattus tous les sujets d'intérêt métropolitain ou relatifs à l'harmonisation de l'action de ces collectivités. Elle comprend les maires des communes et est présidée de droit par le président du conseil de la métropole. Elle se réunit au moins une fois par an, à l'initiative du président du conseil de la métropole ou à la demande de la moitié des maires, sur un ordre du jour déterminé.

Dans les six mois qui suivent chaque renouvellement général des conseils municipaux, la conférence métropolitaine élabore un projet de **pacte de cohérence métropolitain** entre la métropole et les communes situées sur son territoire. Ce projet propose une stratégie de délégation de compétences de la métropole de Lyon aux communes situées sur son territoire, ainsi qu'une stratégie de délégation de certaines compétences des communes à la métropole de Lyon.

→ La métropole de Lyon exerce sur son territoire toutes les compétences exercées auparavant par le Grand Lyon et le département du Rhône, ainsi que des compétences complémentaires en provenance des communes. Dans le cadre de délégations de compétences, la métropole de Lyon pourra également agir en lieu et place de la région et de l'État.

Ses compétences sont énumérées aux articles L. 3641-1 et suivants.

La métropole de Lyon exerce de plein droit les **compétences exercées par les communes situées sur son territoire** en matière de développement et d'aménagement économique, social et culturel ; d'aménagement de l'espace métropolitain ; de politique locale de l'habitat ; de politique de la ville ; de gestion des services d'intérêt collectif (eau et assainissement, etc.) ; de protection et de mise en valeur de l'environnement et de politique du cadre de vie. Le conseil de la métropole de Lyon approuve à la majorité simple des suffrages exprimés le plan local d'urbanisme. La liste des compétences exercées en lieu et place des communes fait de la métropole de Lyon une forme très développée d'intercommunalité.

Elle exerce de plein droit les **compétences que les lois**, dans leurs dispositions non contraires, **attribuent au département**. Ce sont ces compétences départementales non listées dans la loi qui font de la métropole de Lyon une collectivité territoriale à statut *sui generis*.

La métropole de Lyon peut **déléguer aux communes** situées sur son territoire, par convention, la gestion de certaines de ses compétences.

La **région Rhône-Alpes peut déléguer à la métropole de Lyon** certaines de ses compétences. De plus, par convention passée avec la région Rhône-Alpes, à la demande de celle-ci ou de la métropole de Lyon, cette dernière exerce à l'intérieur de son territoire, en lieu et place de la région, les compétences en matière de développement économique.

L'État peut déléguer par convention à la métropole de Lyon, sur sa demande et sous certaines conditions, diverses compétences notamment en matière de logement et d'habitat.

Le législateur prévoit également que la métropole de Lyon est **associée** de plein droit à l'élaboration, **à la révision et à la modification des schémas et documents de planification** en matière d'aménagement, de développement économique et d'innovation, de transports et d'environnement, d'enseignement supérieur et de recherche, dont la liste est fixée par décret en Conseil d'État et qui relèvent de la compétence de l'État, d'une collectivité territoriale ou de leurs établissements publics, lorsque ces schémas et documents ont une incidence ou un impact sur son territoire.

La métropole de Lyon est également **associée** de plein droit **à l'élaboration du contrat de plan État-région**, qui comporte un volet spécifique à son territoire. Également, l'État peut transférer à la métropole de Lyon, sur sa demande, la propriété, l'aménagement, l'entretien et la gestion de grands équipements et infrastructures.

De plus, la métropole de Lyon est substituée de plein droit, pour les compétences prévues aux articles L.3641-1 et L.3641-2, au syndicat de communes ou au syndicat mixte dont le périmètre est identique au sien ou totalement inclus dans le sien.

Elle est également membre de droit des syndicats mixtes auxquels, à la date de la première réunion du conseil de la métropole, appartient le département du Rhône. Ce département demeure membre de droit de ces syndicats.

→ Pour assurer la création de la métropole de Lyon, le législateur a également adopté toute une série de dispositions relatives à l'exercice des mandats des élus locaux, aux biens et personnels de la métropole de Lyon, ainsi qu'une série de dispositions financières et comptables et également diverses dispositions créant un service départemental-métropolitain d'incendie et de secours.

Dans la perspective de la création de la métropole de Lyon, le Gouvernement a été autorisé, dans les douze mois suivant la promulgation de la loi MAPTAM, à prendre par ordonnance de l'article 38 de la Constitution un certain nombre de mesures de nature législative.

Quelles sont les collectivités territoriales situées outre-mer ?

Ce sont les **collectivités qui ne sont pas situées sur le territoire « européen » de la République**. Ainsi, la Corse n'est pas considérée comme étant « outre-mer » sur le plan juridique. Elle a toujours été associée à l'Hexagone, comme les autres îles de l'Atlantique ou de la Méditerranée.

▶ Depuis la révision constitutionnelle du 28 mars 2003, complétée par celle du 23 juillet 2008, ces collectivités sont énumérées à l'article 72-3 al. 2 de la Constitution :
- la Guadeloupe ;
- la Guyane ;
- la Martinique ;
- La Réunion ;
- Mayotte ;
- Saint-Barthélemy ;
- Saint-Martin ;
- Saint-Pierre-et-Miquelon ;
- les îles Wallis-et-Futuna ;
- la Polynésie française.

Cette liste comprend les trois **départements et régions d'outre-mer** (la Guadeloupe, la Réunion et Mayotte, cette dernière étant un département avec des compétences régionales) et les deux **collectivités uniques** (la Guyane et la Martinique), régis par l'article 73 de la Constitution, ainsi que les cinq **collectivités d'outre-mer** de l'article 74.

▶ L'article 72-3 al. 1er précise que la République reconnaît « au sein du peuple français, les populations d'outre-mer, dans un idéal commun de liberté, d'égalité et de fraternité ». Ce même article fait référence à la **Nouvelle-Calédonie** (al. 3), mais renvoie au titre XIII qui lui est spécifiquement consacré. Elle **n'est plus une collectivité territoriale relevant du titre XII** et son statut reste incertain.

▶ Les **Terres australes et antarctiques françaises** (TAAF) ont vu leur statut de « territoire d'outre-mer » confirmé par la loi du 21 février 2007 adoptée en application de l'article 72-3 al. 4, alors que la révision de 2003 a supprimé cette catégorie constitutionnelle. Depuis 2007, les TAAF sont composées de l'archipel de Crozet, l'archipel des Kerguelen, les îles Saint-Paul et Amsterdam, la Terre Adélie, auxquels se sont ajoutées les îles Éparses (Bassas da India, Europa, Glorieuses, Juan de Nova et Tromelin).

LES COLLECTIVITÉS TERRITORIALES SITUÉES OUTRE-MER

OCÉAN ATLANTIQUE

OCÉAN INDIEN

OCÉAN PACIFIQUE

ÉQUATEUR

OCÉAN

Saint-Pierre-et-Miquelon

Saint-Martin
Saint-Barthélemy
Guadeloupe
Martinique

Guyane

Mayotte
Îles Glorieuses
Tromelin

Réunion

Îles Éparses
Juan de Nova
Bassas da India
Europa

Terres australes
et antarctiques françaises

Amsterdam
Saint-Paul
Crozet
Kerguelen
Terre Adélie

Clipperton

Îles Marquises

Polynésie française

Tuamotu

Tahiti et
Îles de la
Société

Îles Gambier

Îles Tubuai

Wallis-et-Futuna

Nouvelle-Calédonie

1 000 km

1 000 km

1 000 km

© Dila, Paris, 2011

Que sont les départements et les régions d'outre-mer?

▶ Les départements d'outre-mer (DOM) et les régions d'outre-mer (ROM) ne constituent pas à proprement parler des catégories de collectivités distinctes de celles rencontrées en métropole, mais **leur statut dérogatoire a tendance à les éloigner du modèle de droit commun.** Ils peuvent en effet adapter les lois et les règlements, et même y déroger, afin de tenir compte de leurs caractéristiques et contraintes particulières (art. 73 de la Constitution).

La régionalisation initiée par la loi du 31 décembre 1982 a créé des **régions d'outre-mer gérant les mêmes territoires que les DOM**, mais avec des institutions séparées et en quelque sorte superposées. C'est pour mettre fin à cette complexité que l'article 73 al. 7 de la Constitution prévoit que les DOM et les ROM **peuvent évoluer vers le statut de collectivité unique**, destiné à se substituer au département et à la région, en suivant la procédure de l'article 72-4.

▶ Les départements d'outre-mer et régions d'outre-mer sont aujourd'hui :
– la **Guadeloupe** ;
– **La Réunion** ;
– **Mayotte** ;
auxquels s'ajoutent, depuis deux lois du 27 juillet 2011, deux **collectivités uniques** dont la mise en place interviendra en décembre 2015, et qui exerceront des compétences à la fois départementales et régionales :
– la **Guyane** ;
– la **Martinique**.

▶ La Guadeloupe, La Réunion, la Guyane et la Martinique sont d'anciennes colonies devenues des départements par la loi du 19 mars 1946, consacrée par la Constitution de 1946.

Mayotte est devenue un DOM en 2011. La Constitution révisée en 2003 (art. 72-4) a en effet permis aux collectivités d'outre-mer d'évoluer vers le statut départemental après consultation des électeurs concernés. À Mayotte, le référendum du 29 mars 2009 s'est conclu par une très large majorité de votes en faveur de la départementalisation. Cette évolution a été consacrée par la loi organique du 3 août 2009 et la loi du 7 décembre 2010 relative au département de Mayotte.

Les collectivités territoriales de Martinique et de Guyane : de quoi s'agit-il ?

En 2015, la Martinique et la Guyane vont connaître une évolution institutionnelle importante. **Deux nouvelles collectivités** verront le jour **en substitution des conseils généraux et régionaux actuels** : la collectivité territoriale de Martinique et la collectivité territoriale de Guyane. Elles **cumuleront les compétences exercées jusqu'alors par leurs conseils généraux et régionaux respectifs**.

▶ C'est la loi constitutionnelle du 28 mars 2003 qui a donné aux départements et régions d'outre-mer la possibilité de se doter d'une collectivité unique exerçant les compétences départementales et régionales.

En décembre 2003, des référendums ont été organisés en Guadeloupe et en Martinique. Les électeurs devaient se prononcer sur la création d'une collectivité territoriale unique. Près de 73 % d'entre eux ont voté contre ce projet en Guadeloupe et 50,5 % en Martinique.

En 2010, de nouvelles consultations ont eu lieu en Martinique et en Guyane. Après avoir, le 10 janvier, rejeté une transformation en collectivité d'outre-mer, les électeurs approuvent, le 24 janvier, la création d'une collectivité unique.

▶ La **loi du 27 juillet 2011** relative aux collectivités territoriales de Guyane et de Martinique crée ces deux nouvelles collectivités et leurs institutions : l'Assemblée de Guyane et l'Assemblée de Martinique. Ces collectivités sont régies par une septième partie du code général des collectivités territoriales créée par la même loi. Elles devraient entrer en vigueur en décembre 2015 après des élections qui auront lieu en même temps que les élections régionales.

Quelles sont les collectivités d'outre-mer ?

Les collectivités d'outre-mer (COM) sont une **création de la révision constitutionnelle du 28 mars 2003** et sont régies par l'article 74 de la Constitution. Elles sont destinées à remplacer les anciens territoires d'outre-mer, même si la liste des COM ne s'est pas substituée à celle des TOM.

▶ À l'heure actuelle, les COM sont :
- **Saint-Pierre-et-Miquelon**;
- les **îles Wallis-et-Futuna**;
- la **Polynésie française**;
- **Saint-Barthélemy**;
- **Saint-Martin**.

Ces deux dernières, qui étaient auparavant des communes de Guadeloupe, ont été ajoutées par la loi organique du 21 février 2007 portant dispositions statutaires et institutionnelles relatives à l'outre-mer.

▶ Les COM sont dotées d'un **statut fixé par la loi organique** qui tient compte des intérêts propres de chacune d'elles au sein de la République (art. 74 al. 1). Leur statut juridique les éloigne du droit commun, mais les raisons et les modalités de ce statut sont différentes d'une COM à l'autre, ce qui rend difficile de les considérer comme une catégorie homogène. L'article 74 distingue même, au sein des COM, celles qui « sont dotées de l'autonomie » (al. 7) et les autres. Ce sont les lois organiques statutaires qui attribuent ou non cette qualité. À ce jour, bénéficient de ce statut d'autonomie la Polynésie française, Saint-Barthélemy et Saint-Martin.

À ce titre, les COM autonomes connaissent un régime contentieux de leurs actes qui est particulier, elles peuvent prendre des mesures pour protéger l'emploi local ou leur patrimoine foncier (al. 8 à 10). Depuis cette même loi du 21 février 2007, la sixième partie du code général des collectivités territoriales est consacrée aux règles applicables à trois de ces COM (Saint-Barthélemy, Saint-Martin et Saint-Pierre-et-Miquelon).

LES COLLECTIVITÉS TERRITORIALES EN EUROPE

Quelle est la place des collectivités territoriales au sein de l'Union européenne ?

L'Union européenne (UE) s'est intéressée tardivement aux collectivités *infra*-étatiques.

▶ Sur le plan institutionnel, a été créé le **Comité des régions** (traité de Maastricht, 1992). C'est un organe consultatif auquel est soumise toute décision portant sur des thèmes intéressant les pouvoirs locaux et régionaux. Il est composé de 353 représentants des collectivités régionales et locales des 28 États membres de l'UE, dont 48 représentants des collectivités françaises. Ces membres sont nommés par le Conseil sur proposition des États, pour cinq ans.

▶ L'Union européenne a développé une **politique régionale s'appuyant sur les «fonds structurels européens»**, dédiés au développement régional. Ces fonds, actuellement gérés par les préfets de région, pourraient prochainement l'être par les régions. Ils privilégient les besoins des territoires ou des populations en difficulté, et les actions ayant le plus fort effet économique et social. La politique régionale européenne s'appuie également sur des **programmes pluriannuels de développement**, établis en concertation entre la Commission européenne et les États, et destinés à la réalisation de projets d'envergure (infrastructures routières, etc.).

▶ Par ailleurs, l'Union européenne pose le **principe de subsidiarité** selon lequel l'échelon supérieur ne gère que les affaires qui ne peuvent être réglées localement. Ce principe a inspiré en France la loi constitutionnelle du 28 mars 2003 reconnaissant aux collectivités territoriales une simple «vocation à prendre les décisions pour l'ensemble des compétences qui peuvent le mieux être mises en œuvre à leur échelon» (art. 72 al. 2). De faible contenu juridique, cette formulation du principe a également une faible application pratique en France.

▶ Enfin, depuis 1992, **l'Union européenne reconnaît aux ressortissants de ses États membres le droit de vote et d'éligibilité aux élections locales**, aux mêmes conditions que les nationaux, dans le cadre de la reconnaissance de la citoyenneté européenne. En France, c'est l'article 88-3 de la Constitution (par dérogation à l'article 3) et la loi organique du 25 mai 1998 (déterminant les conditions d'application de l'article 88-3 de la Constitution) qui consacrent ce droit accordé aux ressortissants de l'UE pour les élections municipales. Afin de préserver la souveraineté de la France, ces élus municipaux non français ne peuvent cependant pas être élus maires ni participer aux collèges électoraux sénatoriaux.

Quelle est la place des collectivités territoriales au sein du Conseil de l'Europe ?

Le Conseil de l'Europe reconnaît l'existence des collectivités territoriales au travers d'institutions consultatives et de la Charte de l'autonomie locale.

▶ Le **Congrès des pouvoirs locaux et régionaux** est une « assemblée politique paneuropéenne composée de 636 élus – conseillers régionaux et municipaux, maires et présidents de région – représentant plus de 200 000 collectivités de 47 pays européens ». Il est composé de deux assemblées, la Chambre des régions et la Chambre des pouvoirs locaux, qui réunissent des représentants des différents échelons décentralisés. Il a pour mission de promouvoir la démocratie locale, la coopération transfrontalière et la mise en œuvre de la Charte de l'autonomie locale.

▶ Les libertés locales ne figurent pas dans la Convention européenne de sauvegarde des droits de l'Homme (CEDH). Mais elles sont consacrées dans la **Charte européenne de l'autonomie locale signée le 15 octobre 1985**.
La France a tardé à la ratifier, considérant qu'un certain nombre des principes qu'elle porte étaient en contradiction avec le caractère unitaire de l'État et ses modalités de décentralisation. En effet, la Charte prône l'autonomie locale, et pas seulement la décentralisation : pouvoir de gestion

des affaires locales, principe de responsabilité politique de l'exécutif local, principe de subsidiarité et renforcement de la démocratie locale. Les principes adoptés par la loi consti-tutionnelle de 2003 ont levé les contradictions et rapproché les conceptions française et européenne de libre adminis-tration. La France a alors ratifié la Charte européenne de l'autonomie locale le 17 janvier 2007.

Que désigne-t-on par coopération décentralisée ?

L'expression désigne toutes les formes de **coopération que les collectivités territoriales françaises ou leurs grou-pements peuvent développer avec des autorités ou des collectivités locales étrangères**, dans le respect des enga-gements internationaux de la France (art. L1115-1 s. CGCT).

Initialement les collectivités avaient développé des relations informelles qui pouvaient prendre la forme de jumelages. Puis la loi du 6 février 1992 a autorisé les collectivités françaises à conclure des conventions avec les collectivités étrangères. Enfin, la loi du 4 février 1995 a permis de signer certains traités avec les États voisins.

Selon la **Convention-cadre de Madrid du Conseil de l'Europe du 21 mai 1980**, les collectivités peuvent mettre en œuvre des compétences qu'elles détiennent en vertu de la législation nationale ; elles coopèrent exclusivement dans leurs domaines de compétences. À cette fin, elles ratifient des conventions de coopération ou créent des organismes de coopération transfrontalière dotés ou non de la person-nalité morale (districts européens) ; elles doivent justifier d'un intérêt local à agir ; les pouvoirs de police et de régle-mentation sont exclus de la coopération.

La Convention de Madrid rend également possible la signa-ture par les États d'**accords internationaux bilatéraux de coopération transfrontalière**. La France en a signé plu-sieurs : avec l'Italie (1993), l'Espagne (1995), l'Allemagne, la Suisse, le Luxembourg (1996), la Belgique (2002).

La **loi du 7 décembre 2006** permet la coopération décentralisée spécifique, ainsi que des aides d'urgence ou des actions de solidarité internationale dans les domaines de la distribution d'eau potable et d'assainissement, de la distribution d'électricité ou de gaz (art. L1115-1-1 CGCT).

Enfin, afin de renforcer l'action extérieure des collectivités territoriales, la **loi du 27 janvier 2014** de modernisation de l'action publique territoriale et d'affirmation des métropoles modifie l'article L.1115-5 CGCT en autorisant une collectivité territoriale ou un groupement de collectivités territoriales à conclure une convention avec un État étranger dans les cas prévus par la loi ou lorsqu'il s'agit d'un accord destiné à permettre la création d'un groupement européen de coopération territoriale, d'un groupement eurorégional de coopération ou d'un groupement local de coopération transfrontalière. Dans ce dernier cas, la signature de l'accord est préalablement autorisée par le représentant de l'État dans la région.

LES COLLECTIVITÉS TERRITORIALES DANS LES 28 ÉTATS MEMBRES DE L'UNION EUROPÉENNE

États	Population (milliers)	Superficie (km²)	Niveau local	Niveau intermédiaire	Niveau régional
Allemagne	81 779	357 027	11 252	295	16
Autriche	8 421	83 871	2 354		9
Belgique	10 978	30 528	589	10	6
Bulgarie[1]	7 348	111 002	264		
Croatie	4 410	56 594	556		21
Chypre[2]	851	5 695	524		
Danemark	5 569	43 098	98		5
Espagne	46 125	505 997	8 167		19
Estonie	1 340	45 227	226		
Finlande	5 387	338 145	320		1
France	64 844	633 210	36 786	101	27
Grèce	11 291	131 957	325		13
Hongrie	9 972	93 029	3 175	19	
Irlande	4 491	69 797	80	34	10
Italie	60 468	301 336	8 092	110	20
Lettonie	2 058	64 589	119		

Lituanie[1]	3030	65300	60		
Luxembourg	519	2586	106		
Malte[1]	419	316	68		
Pays-Bas	16691	41528	408		12
Pologne	38526	312685	2479	380	16
Portugal[1]	10651	92152	308		2
République tchèque	10497	78868	6253		14
Roumanie[1]	21431	238391	3181	41	
Royaume-Uni[1]	62735	243820			1
– Angleterre			353		
– Irlande du Nord			26		
– Écosse			32		
– Pays de Galles			22		
Slovaquie	5441	49034	3028		8
Slovénie	2053	20273	211		
Suède	9378	449964	290		20
Total UE 28	**507327**	**4466017**	**89752**	**990**	**225**

1. Existence d'un niveau *infra*-municipal structuré (communautés, localités, hameaux).
2. 9 communes et 135 communautés, tout en conservant leur statut juridique, sont déplacées de la zone qui n'est pas sous le contrôle du gouvernement de la République de Chypre. Superficie et habitants : uniquement zone contrôlée par le gouvernement.
Source : CCRE-CEMR, *Un portrait chiffré de l'Europe locale et régionale*, dernière édition parue, 2013.
Pour la population et la superficie de la Croatie : Eurostat.

CHAPITRE 2

LES GRANDS PRINCIPES RÉGISSANT LES COLLECTIVITÉS TERRITORIALES

ÉTAT UNITAIRE ET DÉCENTRALISATION

Quelles sont les différentes catégories d'États ?

L'organisation verticale des pouvoirs permet de distinguer les États unitaires et les États fédéraux.

▶ **L'État unitaire se caractérise par l'existence d'un seul pouvoir politique, détenu au niveau national**, exerçant la souveraineté, et dont les décisions s'appliquent sur l'ensemble du territoire national. Il existe une citoyenneté unique.

L'État unitaire peut être :
– **concentré** : tout est décidé par l'État, au niveau central. On retrouve cette organisation surtout dans des États de petite taille (par exemple, Malte, Monaco) ;
– **déconcentré** : il existe au niveau local des représentants de l'État (par exemple, en France, préfets, maires, recteurs) ;
– **décentralisé** : il existe au niveau local des autorités administratives distinctes de l'État (par exemple, en France, communes, départements, régions). La France est un État unitaire, à la fois déconcentré et décentralisé (loi ATR du 6 février 1992) ;
– **régionalisé** : des autorités régionales décentralisées bénéficient de certaines compétences normatives et politiques, sous le contrôle de l'État (par exemple, en Espagne, en Italie).

▶ **L'État fédéral, ou fédération, se définit par l'existence d'un État fédéral se superposant à des entités fédérées**, selon une organisation « à double étage ». C'est la Constitution fédérale qui assure la répartition des compétences entre les niveaux fédéral et fédéré. Les compétences qui intéressent la souveraineté internationale restent généralement le monopole de l'État fédéral (diplomatie, défense, monnaie).

Les États fédérés sont des entités politiques qui disposent chacune d'un pouvoir exécutif, législatif et juridictionnel, s'articulant avec ceux des institutions fédérales. Les États fédérés participent aux décisions fédérales : le pouvoir législatif fédéral est composé de deux chambres, l'une représentant la population de l'État fédéral, l'autre les États fédérés (*Bundesrat* allemand, Sénat américain, etc.).

▶ La **confédération** est une **association d'États indépendants qui, par traité, ont délégué certaines compétences** (monnaie, diplomatie) **à des institutions communes**, sans constituer cependant un nouvel État. L'Union européenne en est un exemple.

Qu'est-ce que la décentralisation ?

La décentralisation est un processus d'aménagement de l'État unitaire qui **consiste à transférer des compétences administratives de l'État vers des entités (ou des collectivités) locales distinctes de lui**. Par un long processus de décentralisation, la France, qui était un État unitaire très centralisé, est aujourd'hui déconcentré et décentralisé (loi du 6 février 1992 relative à l'administration territoriale de la République, dite «loi ATR»). La décentralisation est consacrée par l'article 1er de la Constitution, selon lequel «l'organisation [de la République française] est décentralisée».

On distingue la décentralisation territoriale et la décentralisation fonctionnelle.

▶ Dans la **décentralisation territoriale**, les autorités décentralisées sont les collectivités territoriales ou locales (communes, départements, régions, collectivités à statut particulier et collectivités d'outre-mer).

Les collectivités territoriales jouissent de la **personnalité morale**, de **moyens** et de **compétences propres**, donc d'une certaine **autonomie locale** (art. 72 *s*. de la Constitution; Charte européenne de l'autonomie locale de 1985). Celle-ci s'exerce dans le cadre de la loi et sous le contrôle de l'État. La loi du 2 mars 1982 a transformé le contrôle de tutelle exercé sur les collectivités territoriales en un contrôle de légalité, pouvant être exercé notamment à l'initiative du préfet, et consistant désormais en la saisine du juge administratif.

▶ Dans la **décentralisation fonctionnelle ou technique**, les entités décentralisées sont des établissements publics chargés de gérer un service public (universités, hôpitaux publics, musées nationaux, régions entre 1972 et 1982). Ils bénéficient de la personnalité morale et de moyens propres, mais ne disposent que d'une compétence d'attribution qui correspond à l'objet même du service public qui leur est transféré.

Qu'est-ce que la déconcentration?

La déconcentration est un processus d'aménagement de l'État unitaire qui **consiste à implanter dans des circonscriptions locales administratives des autorités administratives représentant l'État**. Ces autorités sont dépourvues de toute autonomie et de la personnalité morale. Aujourd'hui, sont des autorités déconcentrées : les **préfets** (départements, régions), les **recteurs** (académies), les **maires** (communes), etc.

▶ À l'image du préfet, les autorités déconcentrées sont **nommées et révoquées par le pouvoir central**. La seule autorité élue est le maire en raison de son double statut d'autorité déconcentrée et décentralisée (la «double casquette»).

Les autorités déconcentrées sont **soumises au contrôle hiérarchique de l'État** qui dispose à leur égard, d'une part, du pouvoir disciplinaire permettant la sanction, la suspension ou la révocation, et, d'autre part, du pouvoir d'approbation, d'annulation ou de substitution de leurs actes.

▶ **Dans la conception française, les processus de déconcentration et de décentralisation vont ensemble**. Ainsi, la loi du 6 février 1992 relative à l'administration territoriale de la République dispose que «l'administration territoriale de la République est assurée par les collectivités territoriales et par les services déconcentrés de l'État. Elle est organisée, dans le respect du principe de libre administration des collectivités territoriales, de manière à mettre en œuvre l'aménagement du territoire, à garantir la démocratie locale et à favoriser la modernisation du service public». Cette loi réaffirme la libre administration et renforce à la fois les prérogatives des services déconcentrés de l'État vis-à-vis des administrations centrales.

LA LIBRE ADMINISTRATION DES COLLECTIVITÉS TERRITORIALES

Quel est le contenu de la libre administration ?

La libre administration des collectivités territoriales est un **principe consacré par la Constitution** (art. 72 al. 3) : «Dans les conditions prévues par la loi, [les] collectivités s'administrent librement par des conseils élus et disposent d'un pouvoir réglementaire pour l'exercice de leurs compétences».

La libre administration est toutefois une notion abstraite qui ne permet pas d'emblée de déterminer ce que peuvent faire les collectivités territoriales. Il s'agit d'un principe de protection à l'égard des empiètements de l'État. La loi précise le contenu de la libre administration, sous le contrôle du juge constitutionnel.

La libre administration **se limite à des compétences «administratives» et exclut les compétences régaliennes** (édiction de lois, justice, diplomatie).

Elle **permet de garantir un espace de liberté dans lequel les collectivités territoriales peuvent agir**. Elle est souvent invoquée à l'encontre de lois soupçonnées de ne pas la respecter. Certes, le Conseil constitutionnel la classe parmi les droits et libertés invocables dans le cadre de la question prioritaire de constitutionnalité (déc. n° 2010-12 QPC du 2 juillet 2010, *Commune de Dunkerque*). Mais il n'a censuré qu'assez peu de dispositions législatives ou de lois qui l'ont méconnue, ne sanctionnant que les « atteintes excessives du législateur » (pour des exemples de validation déc. n° 2010-618 DC du 9 décembre 2010, *Loi de réforme des collectivités territoriales instituant le conseiller territorial* et déc. n° 2014-687 DC du 23 janvier 2014, *Loi de modernisation de l'action publique territoriale et d'affirmation des métropoles*).

Pour le Conseil d'État, la libre administration est **une des libertés fondamentales** protégées par la procédure du référé-liberté (art. L521-2 du code de justice administrative ; CE, 18 janvier 2001, *Commune de Venelles*).

La Constitution révisée en 2003 a ajouté, en tant que conséquence de la libre administration, la **reconnaissance d'un pouvoir réglementaire** (art. 72 al. 3). Cette reconnaissance consacre la jurisprudence du Conseil constitutionnel et l'octroi, à la fin du xixe siècle, du pouvoir de police aux maires. Ce pouvoir réglementaire est cependant **limité à l'exercice des compétences de la collectivité** et il n'est conçu que **dans le cadre des lois** adoptées au niveau étatique et des règlements nationaux édictés par les autorités centrales : Premier ministre, président de la République, ministres (décrets et arrêtés).

Quelles sont les conditions de la libre administration ?

La notion de libre administration, qui figurait à l'article 87 de la Constitution de 1946, apparaît dans deux dispositions constitutionnelles contemporaines, l'article 34 al. 13 et l'article 72 al. 3.

▶ Le premier **confie à la loi la détermination des principes fondamentaux de la « libre administration des collectivités territoriales**, de leurs compétences et de leurs ressources ». C'est à la loi, considérée comme une meilleure protection des libertés locales, et non au règlement, de fixer les conditions de la libre administration.

▶ Quant au second article, il précise que « dans les conditions prévues par la loi, ces collectivités s'administrent librement par des conseils élus et disposent d'un pouvoir réglementaire pour l'exercice de leurs compétences ». C'est donc un **conseil élu qui est chargé de gérer la collectivité territoriale**. Cette assemblée délibérante est désignée au suffrage universel. L'article 72 n'exige pas qu'il soit direct. Et s'il ne précise pas qu'il est universel, cette condition découle de l'article 3 de la Constitution selon lequel le suffrage est « toujours universel ».

La Constitution de 1958 ne prévoit rien s'agissant des organes exécutifs. D'un point de vue constitutionnel, l'organe exécutif d'une collectivité territoriale peut être encore nommé par l'État. Cette situation a longtemps prévalu pour les départements, de 1871 à 1982, avec le rôle dévolu aux préfets en tant qu'autorités décentralisées, sans que ce soit contraire à la Constitution. Aujourd'hui, on ne la rencontre plus que dans la collectivité d'outre-mer de Wallis-et-Futuna. Le mouvement de décentralisation initié dans les années 1980 rend sans doute impossible tout retour en arrière ; **les autorités exécutives doivent donc être aussi élues, même de manière indirecte**.

Peut-il exister une tutelle d'une collectivité sur une autre ?

▶ **« Aucune collectivité territoriale ne peut exercer une tutelle sur une autre »** dispose l'article 72 al. 5 de la Constitution, introduit lors de la révision de 2003. Il ne s'agit pas d'une règle nouvelle : reprenant la loi du 7 janvier 1983, l'article L1111-3 CGCT énonce, quant à lui, que « la répartition de compétences entre les communes, les départements et les régions ne peut autoriser l'une de ces collectivités à établir ou exercer une tutelle, sous quelque forme que ce soit, sur une autre d'entre elles ».

Cette interdiction vise à protéger la libre administration des collectivités, sur lesquelles **seul l'État est habilité à exercer un contrôle**. Les collectivités territoriales sont placées sur un pied d'égalité face à l'État, qu'elles soient de même niveau territorial, ou situées à des niveaux différents.

▶ La disposition constitutionnelle de 2003 est néanmoins associée, dans le même article, à la **possibilité de désigner une collectivité dite « chef de file »** pour gérer de manière commune une compétence qui nécessite le concours de plusieurs collectivités territoriales ou groupements de celles-ci. Le chef de file n'a qu'un **rôle de coordination**, à l'exclusion de tout rôle de décision, afin que soit respectée l'interdiction de la tutelle.

Cette technique a été confirmée par la loi du 27 janvier 2014 sur la modernisation de l'action publique territoriale et l'affirmation des métropoles :
– chef de filât de la région en matière, notamment, de développement économique et d'organisation de l'intermodalité et de complémentarité des transports, de biodiversité et de transition énergétique, de climat et d'énergie, ou encore de soutien à l'innovation et à l'internationalisation des entreprises ;
– chef de filât du département en matière d'action sociale et de développement social, d'autonomie des personnes, et de solidarité des territoires ;
– chef de filât du bloc communal composé de la commune et de l'EPCI en matière de mobilité durable.

L'interdiction de la tutelle d'une collectivité sur une autre n'empêche cependant pas la loi de reconnaître des **compétences particulières d'aide d'une collectivité au profit d'une autre**. C'est ainsi que le département est compétent pour apporter « aux communes qui le demandent son soutien à l'exercice de leurs compétences » (art. L3233-1 CGCT). De même, le Conseil d'État ne considère pas comme une tutelle la subvention limitée versée aux communes et différenciée selon que le service est géré en régie ou délégué (12 déc. 2003, *Département des Landes*).

LE SÉNAT ET LA REPRÉSENTATION DES COLLECTIVITÉS TERRITORIALES

L'article 24 alinéa 4 de la Constitution dispose que le Sénat, élu au suffrage universel indirect, assure la représentation des collectivités territoriales de la République. À cette fonction particulière qui lui est spécialement attribuée s'ajoute celle de représentation des Français établis hors de France. Avant 2008, cette dernière fonction était l'apanage du seul Sénat, mais depuis cette date, elle est partagée avec l'Assemblée nationale (art. 24 al. 5).

Une longue histoire constitutionnelle

L'origine de la représentation des collectivités territoriales par le Sénat est lointaine. Elle remonte à la **loi constitutionnelle du 24 février 1875** relative à l'organisation du Sénat dont l'article 4 disposait que « Les sénateurs des départements et des colonies sont élus à la majorité absolue, et, quand il y a lieu, au scrutin de liste, par un collège réuni au chef-lieu du département ou de la colonie, et composé des députés, des conseillers généraux, des conseillers d'arrondissement, des délégués élus, un par chaque conseil municipal, parmi les électeurs de la commune ».

Si la représentation des différentes communes a été modifiée par la **loi constitutionnelle du 14 août 1884** au détriment des plus petites d'entre elles et afin de tenir davantage compte du poids démographique des communes, le principe de l'élection des sénateurs par des élus locaux a été maintenu.

C'est également ce que prévoyait la **Constitution du 27 octobre 1946** à l'article 6 alinéa 2 : « Les deux chambres sont élues sur une base territoriale, l'Assemblée nationale au suffrage universel direct, le Conseil de la République par les collectivités communales et départementales, au suffrage universel indirect. Le Conseil de la République est renouvelable par moitié. »

La **Constitution de 1958** s'inscrit donc dans une longue continuité. Cette représentation est toutefois mal comprise car le Sénat de la République française, malgré l'homonymie avec le Sénat américain, n'assure en rien une représentation de type fédéral de chacune des collectivités territoriales. Cela signifierait, dans ce cas, que chaque collectivité devrait élire au moins un sénateur ce qui n'est évidemment ni possible ni ce que prévoit la Constitution qui fixe à 348 le nombre maximum de membres du Sénat.

La Constitution de 1958, comme les textes précédents, n'envisage la représentation que par l'intermédiaire de l'élection des sénateurs par les collectivités territoriales, ce qui signifie, selon le Conseil constitutionnel, que le Sénat doit «dans la mesure où il assure la représentation des collectivités territoriales de la République, être élu par un corps électoral qui est lui-même l'émanation de ces collectivités ; que, par suite, ce corps électoral doit être essentiellement composé de membres des assemblées délibérantes des collectivités territoriales ; que toutes les catégories de collectivités territoriales doivent y être représentées» (décision n° 2000-431 DC du 6 juillet 2000, *Loi relative à l'élection des sénateurs*).

Un collège électoral qui reflète la diversité des collectivités

L'article L280 du code électoral énonce la composition du collège électoral qui, pour tenir compte de la diversité des collectivités à représenter, est la suivante :
- les députés et les sénateurs ;
- les conseillers régionaux de la section départementale correspondant au département et les conseillers de l'Assemblée de Corse ;
- les conseillers à l'Assemblée de Guyane et des conseillers à l'Assemblée de Martinique ;
- les conseillers généraux ;
- des délégués des conseils municipaux ou des suppléants de ces délégués.

Ce sont ainsi **168 000 grands électeurs** qui élisent les sénateurs, par moitié tous les trois ans, le Sénat étant renouvelé de manière partielle (art. L276 du code électoral). **Les délégués des communes représentent environ 95 % des collèges électoraux**.

Le nombre des délégués des conseils municipaux dépend de la population municipale authentifiée au 1er janvier de l'année de l'élection par les recensements. Les délégués doivent être inscrits sur la liste électorale de la commune intéressée et, dans la mesure où le Sénat participe à l'exercice de la souveraineté, avoir la nationalité française.

La composition du collège électoral appelé à élire les sénateurs assure ainsi, dans chaque département, la représentation des différentes catégories de collectivités territoriales et de la diversité des communes, en tenant compte de la population qui y réside.

De manière originale en France, le vote est **obligatoire** pour les grands électeurs (art. L318 du code électoral). S'ils ne peuvent voter pour un motif légitime, ils sont remplacés par un autre grand électeur. Si la non-participation au scrutin n'est pas justifiée, le grand électeur encourt une amende de 100 euros.

Pour une représentation plus juste des collectivités

En 2012, la Commission sur la rénovation et la déontologie de la vie publique, présidée par Lionel Jospin, a souhaité assurer une représentation plus juste des collectivités territoriales au Sénat par une pondération des voix des grands électeurs ; retirer les députés du collège électoral ; étendre le recours au scrutin proportionnel pour l'élection des sénateurs ; et abaisser à 18 ans l'âge minimal d'éligibilité au Sénat.

Dans la loi 2013-702 du 2 août 2013 relative à l'élection des sénateurs, seule **l'extension du scrutin proportionnel** aux départements de trois sénateurs et plus a été retenue, ainsi que l'**augmentation du nombre de délégués pour les grandes villes**.

C'est ainsi que, dans les **communes de moins de 9 000 habitants**, les conseils municipaux élisent parmi leurs membres et selon la répartition suivante :

– 1 délégué pour les conseils municipaux de 7 et 11 membres (moins de 500 habitants);

– 3 délégués pour les conseils municipaux de 15 membres (moins de 1 500 habitants);

– 5 délégués pour les conseils municipaux de 19 membres (moins de 2 500 habitants);

7 délégués pour les conseils municipaux de 23 membres (moins de 3 500 habitants);

– 15 délégués pour les conseils municipaux de 27 et 29 membres (moins de 9 000 habitants).

Dans les **communes de 9 000 habitants et plus**, tous les conseillers municipaux sont délégués de droit.

En outre, dans les **communes de plus de 30 000 habitants**, les conseils municipaux élisent des **délégués supplémentaires** à raison d'un pour 800 habitants en sus de 30 000, alors que ce seuil était de

1 000 habitants avant la loi de 2013. C'est pour corriger l'inégalité qui pouvait exister entre les villes d'une certaine taille et les petites communes que le nombre de délégués supplémentaires a été augmenté. En pratique, les délégués supplémentaires sont souvent des permanents, des militants ou des sympathisants des partis politiques, des collaborateurs des élus, des parents ou des proches des élus municipaux.

Ainsi est mieux respectée **l'exigence d'égalité entre les communes** qu'avait rappelée le Conseil constitutionnel dans la décision 431 DC citée, selon laquelle, « pour respecter le principe d'égalité devant le suffrage résultant de l'article 6 de la Déclaration des droits de l'homme et du citoyen de 1789 et de l'article 3 de la Constitution, la représentation de chaque catégorie de collectivités territoriales et des différents types de communes doit **tenir compte de la population** qui y réside ».

L'élection des grands électeurs au sein des communes se fait selon un **mode de scrutin différent selon la taille des communes**, reprenant la distinction qui existe pour l'élection des conseils municipaux euxmêmes. Dans les communes de moins de 1 000 habitants, les électeurs des sénateurs sont élus au scrutin majoritaire à deux tours. Dans les communes de plus de 1 000 habitants, ils sont élus au scrutin de liste à la représentation proportionnelle, avec application de la règle de la plus forte moyenne.

Collectivités d'outre-mer et Nouvelle-Calédonie : des spécificités

Dans les collectivités d'outre-mer et en Nouvelle-Calédonie, la composition des collèges électoraux est un peu différente et tient compte des spécificités institutionnelles de ces collectivités.

C'est ainsi, par exemple, qu'en **Nouvelle-Calédonie** en sont membres les députés, les membres des assemblées de province et des délégués des conseils municipaux ou des suppléants de ces délégués.

Quant au **collège électoral polynésien**, il comprend les députés les membres de l'Assemblée de la Polynésie française et des délégués des conseils municipaux ou des suppléants de ces délégués.

Il en va de même à **Wallis-et-Futuna**, à **Mayotte**, à **Saint-Barthélemy**, à **Saint-Martin** et à **Saint-Pierre-et-Miquelon** (cf. les dispositions propres à chacune de ces collectivités au sein du code électoral).

LE CONTRÔLE DES COLLECTIVITÉS TERRITORIALES

Quel est le contrôle exercé sur les collectivités territoriales ?

Un contrôle des actes des collectivités décentralisées est nécessaire. En effet, l'indivisibilité de la République (art. 1er de la Constitution) implique que la loi et les décrets nationaux, édictés par des autorités centrales que sont le Parlement ou le pouvoir exécutif, soient respectés par les autorités publiques locales. L'article 72 al. 6 de la Constitution prévoit que « dans les collectivités territoriales de la République, le représentant de l'État, représentant de chacun des membres du Gouvernement, a la charge des intérêts nationaux, du contrôle administratif et du respect des lois ». C'est une conséquence directe de l'indivisibilité de la République.

▶ Néanmoins, ce contrôle **doit respecter le principe de libre administration** des collectivités (art. 72 al. 3), qui a aussi valeur constitutionnelle. Il ne doit donc pas revêtir les mêmes caractéristiques que le contrôle hiérarchique exercé par des autorités supérieures de l'État sur des autorités subordonnées. Cet équilibre entre la liberté et le contrôle a été rappelé par le Conseil constitutionnel dans sa décision relative à la loi du 2 mars 1982.

▶ Depuis les lois des 2 mars et 16 juillet 1982, le contrôle est un **contrôle de légalité**, ce qui en indique les limites. Il s'exerce sur les actes et, dans certaines conditions, sur les organes délibérants des collectivités qui peuvent être dissous par décret.

▶ Le contrôle sur les autorités décentralisées a longtemps porté le nom de tutelle, inspiré du vocabulaire applicable aux incapables, ce qui illustrait la place seconde des collectivités territoriales en France. Aujourd'hui, la **tutelle** continue de s'exercer sur les établissements publics de l'État, comme les universités, les hôpitaux ou certaines entreprises publiques.

Comment le contrôle s'exerce-t-il ?

▶ La loi du 2 mars 1982 a supprimé les tutelles et créé un nouveau contrôle qui a une triple caractéristique.

C'est un contrôle *a posteriori* : il est exercé après l'entrée en vigueur des actes et n'est pas une condition de cette dernière, comme avant 1982 quand le contrôle était dit *a priori*.

C'est un contrôle juridictionnel : les juridictions administratives sont désormais seules compétentes pour annuler les actes contraires à la légalité.

C'est un contrôle de légalité : la méconnaissance de la légalité est le seul motif susceptible d'être invoqué. Depuis 1982, l'inopportunité des décisions locales n'est plus une cause d'annulation.

▶ Par ailleurs, la Constitution (art. 72 al. 6) confie aux **préfets** une **mission spécifique de contrôle administratif** : ils examinent les actes qui leur sont transmis et décident de saisir le juge en cas d'illégalité supposée. Cette saisine n'est pas exclusive de celle que peuvent effectuer les administrés qui y ont un intérêt.

Afin de rendre ce contrôle plus effectif, et compte tenu du nombre d'actes produits chaque année par les collectivités territoriales et leurs établissements publics, **ne sont obligatoirement transmis au préfet que les actes considérés par la loi comme les plus importants**. La liste de ceux-ci est allée en diminuant depuis la première loi de 1982 (*cf.* loi du 13 août 2004 : délibérations, actes réglementaires, actes en matière de police sauf ceux en matière de circulation et de stationnement, certains actes individuels en matière de fonction publique, urbanisme, etc.).

De même, afin d'éviter que les actes les plus lourds de conséquences ne puissent produire des effets avant leur éventuelle censure par le juge, la loi attribue au représentant de l'État la possibilité de recourir au **référé** ou à des **mesures de suspension**.

Quelles sont les spécificités du contrôle budgétaire ?

Mettant en cause l'usage des deniers publics, les actes budgétaires sont des actes administratifs **soumis à un contrôle spécifique**, en plus du contrôle du droit commun des actes administratifs des collectivités territoriales. Créé par la loi du 2 mars 1982, ce contrôle remplace la tutelle financière qui était un contrôle *a priori*.

▶ Ce contrôle fait intervenir les **chambres régionales des comptes**, au nombre de dix-huit : créées en 1982, ce sont des juridictions financières, soumises à la Cour des comptes, et qui interviennent en qualité d'organismes administratifs. Par ailleurs, cinq **chambres territoriales des comptes** exercent leur mission dans les collectivités d'outre-mer.

Le contrôle budgétaire est prévu dans quatre cas :
– lorsque le budget n'est pas adopté à la date légalement prescrite, le 15 avril de chaque année, ou le 30 avril les années d'élection ;
– lorsque le budget n'est pas adopté en équilibre réel ;
– lorsqu'il existe un déficit de l'arrêté de comptes ;
– en cas d'omission ou d'insuffisance de crédits correspondant à des dépenses obligatoires, c'est-à-dire d'une dépense prévue par la loi ou résultant d'une décision de justice ou d'un engagement contractuel.

Dans ces quatre cas, et malgré quelques différences procédurales, la chambre régionale des comptes est saisie par le préfet, le comptable public de la collectivité ou par un tiers ayant un intérêt, comme par exemple un créancier impayé par la collectivité. Elle émet alors, dans un délai d'un mois, un avis, une proposition (dans le cas, par exemple, du budget non adopté à temps) ou une mise en demeure.

Lorsque le budget voté n'est pas en équilibre réel, le préfet inscrit des recettes supplémentaires ou diminue des dépenses. Dans l'hypothèse d'un budget non adopté dans les délais, le préfet «règle» ce budget, c'est-à-dire l'adopte et le rend exécutoire (*voir ci-après chapitre 6*).

LES COLLECTIVITÉS TERRITORIALES DANS LES CONSTITUTIONS FRANÇAISES

1789-1946 : une lente reconnaissance constitutionnelle

En France, la première **Constitution révolutionnaire du 3 septembre 1791** traite du niveau local dans le titre III consacré aux pouvoirs publics. Les collectivités territoriales sont abordées d'abord sous l'angle électoral avec la constitution d'«assemblées primaires dans les villes et dans les cantons». Puis, dans le cadre de l'exercice du pouvoir exécutif, la Constitution institue «dans chaque département une administration supérieure, et dans chaque district une administration subordonnée», qui «n'ont aucun caractère de représentation» et qui «sont essentiellement chargés de répartir les contributions directes, et de surveiller les deniers provenant de toutes les contributions et revenus publics dans leurs territoires». Le roi a le droit d'annuler leurs actes et peut suspendre de leurs fonctions ces administrateurs pourtant élus par le peuple.

Cette première prise en compte constitutionnelle montre bien la naissance de la tradition jacobine, celle d'un État unitaire centralisé. Elle montre aussi que le processus de déconcentration a précédé celui de décentralisation, avec un double objectif : garantir l'efficacité de l'action de l'État au niveau local ; et préserver la paix dans les périodes où la situation intérieure est insurrectionnelle.

Les régimes qui suivirent sous la période révolutionnaire, puis sous le Consulat et l'Empire adoptèrent la même logique, imposant un cadre très contraignant aux «administrations locales». Il faut attendre la Monarchie de Juillet pour retrouver des élus locaux.

La **Constitution de la Seconde République du 4 novembre 1848** va plus loin, et proclame le suffrage universel, certes masculin, qui s'applique pour l'élection du conseil général dans le département et du conseil municipal dans la commune.

Avec le **Second Empire** et la **IIIe République**, s'ouvre une période d'indifférence constitutionnelle à l'égard des collectivités territoriales. Mais les lois de 1871 sur le département et 1884 sur la commune façonnent l'organisation des collectivités territoriales telle que nous la connaissons aujourd'hui.

À partir de 1946 : la constitutionnalisation de la décentralisation

C'est le **projet de Constitution du 19 avril 1946** qui marque une réelle évolution. Il consacre un titre VIII aux « collectivités locales » : selon l'article 114, « la République française, une et indivisible, reconnaît l'existence de collectivités territoriales. Ces collectivités sont les communes et départements, les territoires et fédérations d'outre-mer. Elles s'administrent librement, conformément à la loi nationale ».

Le projet pose les principes suivants : compétence du législateur pour définir l'organisation des collectivités locales, élection des conseils au suffrage universel, exécutif local confié au maire ou au président de la collectivité, contrôle de l'État assuré par le délégué du gouvernement dans le département, déconcentration, assemblées locales élues au suffrage universel direct pour gérer les collectivités locales d'outre-mer.

Ce projet de Constitution est rejeté majoritairement par les Français lors du référendum du 5 mai 1946 en raison du régime d'assemblée qu'il proposait.

Dans un titre X intitulé « Des collectivités locales », la **Constitution du 27 octobre 1946** reprend les principes du projet d'avril. Elle ajoute toutefois la possibilité d'abandonner le principe d'uniformité, pour tenir compte des petites et grandes communes, et la possibilité de dispositions différentes pour certains départements.

De même, le titre II consacré au Parlement prévoit que « le Conseil de la République [est élu] par les collectivités communales et départementales, au suffrage universel indirect. [Il] est renouvelable par moitié ».

Le titre VIII prévoit l'adaptation de la législation nationale pour les territoires d'outre-mer, l'assimilation pour les départements d'outre-mer, et l'existence d'un statut particulier pour les territoires d'outre-mer ; la possibilité d'évolutions statutaires et du passage d'une catégorie à l'autre pour toutes les collectivités situées outre-mer, l'existence d'une assemblée élue dans ces collectivités, l'existence d'un représentant de l'État chef de l'administration du territoire, la citoyenneté française pour les ressortissants ultramarins.

Les principes énoncés dans la Constitution n'ont cependant pas tous été rendus effectifs : notamment, l'exécutif départemental n'a pas été transféré au président du conseil général.

Avec son **article 72**, la **Constitution de la Ve République (1958)** s'inscrit dans la continuité du régime précédent : collectivités territoriales reconnues dans la Constitution, avec mention des catégories de droit commun que sont les communes et les départements ; compétence du législateur pour créer de nouvelles collectivités ou catégories de collectivités locales ; administration par un conseil élu ; contrôle de l'État assuré par le préfet ; principe d'assimilation avec des adaptations nécessitées par leur situation particulière pour les DOM ; principe d'une organisation particulière pour les TOM.

D'autres dispositions existent dans le texte constitutionnel :
– l'**article 1er** proclame que « la France est une République indivisible (...) ». Le Conseil constitutionnel s'est notamment appuyé sur cette disposition pour décider en 1991, à propos de la Corse, qu'il n'y a qu'un peuple français ;
– l'**article 24** indique que « le Sénat est élu au suffrage universel indirect. Il assure la représentation des collectivités territoriales de la République » ;
– l'**article 34** attribue au législateur la fixation des « règles concernant le régime électoral des assemblées (...) locales » et la détermination des « principes fondamentaux de la libre administration des collectivités territoriales, de leurs compétences et de leurs ressources ». Dans un État fédéral ou régionalisé, c'est la Constitution, et non la loi, qui organise la répartition des compétences, ou en fixe les principes.

Une première évolution constitutionnelle a été soumise à **référendum le 27 avril 1969** par le général de Gaulle : il s'agissait de la création d'une nouvelle catégorie de droit commun, les régions. Mais les électeurs ont rejeté le projet, davantage par refus de l'autre partie du texte relatif à la transformation du Sénat et par une expression de contestation à l'égard du général de Gaulle. En conséquence, la création du nouvel échelon régional a dû attendre la loi du 2 mars 1982, la consécration constitutionnelle ne s'opérant que le 28 mars 2003.

L'encadrement constitutionnel de la décentralisation

Du fait du développement du contrôle de constitutionnalité des lois à partir des années 1980, le législateur a été conduit à prendre en compte les contraintes constitutionnelles, que ce soit les exigences du contrôle ou le respect de la libre administration des collectivités territoriales.

L'« **acte I** » **de la décentralisation** de 1982 est législatif, sans doute en raison de la configuration politique de l'époque, mettant face-à-face une majorité gouvernementale de gauche (dans le cadre de la première alternance politique de la Ve République) et un Sénat majoritairement de droite.

Au cours des années 1990, le cadre constitutionnel électoral est modifié par l'introduction du droit de vote et d'éligibilité des ressortissants de l'Union européenne aux élections municipales (LC 25 juin 1992 créant l'art. 88-3), et par l'introduction de l'égal accès des femmes et des hommes aux mandats électoraux et fonctions électives, prescription qui vaut pour les élections nationales comme pour les scrutins locaux (LC 8 juillet 1999 complétant l'art. 3, et aujourd'hui inséré à l'art. 1er).

L'« **acte II** » **de la décentralisation** procède, quant à lui, d'une révision constitutionnelle. Celle-ci modifie l'article 1er de la Constitution, précisant que « l'organisation [de la République] est décentralisée ». Sont reconnues de nouvelles compétences aux collectivités territoriales par la constitutionnalisation du pouvoir réglementaire, du principe de subsidiarité, de l'expérimentation législative et réglementaire, de l'interdiction de la tutelle d'une collectivité sur une autre et de la création du « chef de filât ».

De nouveaux principes de démocratie locale sont également inscrits : référendum local et droit de pétition.

Enfin, des garanties nouvelles sont consacrées : autonomie financière, part déterminante dans les ressources propres, compensation financière pour tout nouveau transfert de compétences, péréquation.

Ces dispositions introduites dans la Constitution existaient, pour la plupart, au moins partiellement dans la législation. Leur consécration constitutionnelle a permis à la France de ratifier en 2007 la Charte européenne de l'autonomie locale de 1985.

Enfin, la Constitution liste dans son article 72-3 les collectivités d'outre-mer et fixe dans ses articles suivants leur régime. Elle intègre depuis 1998, dans ses articles 76 et 77, les évolutions majeures concernant la Nouvelle-Calédonie.

La révision constitutionnelle du **23 juillet 2008** consacre, dans un article 75-1 nouveau, « les langues régionales [comme appartenant] au patrimoine de la France ».

CHAPITRE 3

LA DÉMOCRATIE LOCALE

LES ÉLECTIONS

Qu'est-ce qu'un électeur local ?

▶ L'instauration du suffrage universel en 1848 a réalisé l'unicité de l'électorat. **Celle-ci est marquée par l'existence d'une liste électorale unique, établie au niveau de la commune** et utilisée pour tous les scrutins au suffrage universel direct, nationaux et locaux, ainsi que les référendums, que ceux-ci soient également nationaux ou locaux.

L'électeur local répond aux conditions posées par l'article 3 de la Constitution, selon lequel « sont électeurs (…) tous les nationaux français majeurs des deux sexes, jouissant de leurs droits civiques et politiques ». Pour voter, il faut être inscrit au préalable sur une liste électorale (art. 9 du code électoral), à sa demande, et généralement dans sa commune de résidence (art. 11 *s.*).

▶ Toutefois, **plusieurs évolutions marquent une certaine dissociation**.

En 1992, le traité de Maastricht a créé une **citoyenneté européenne**. Les ressortissants de l'Union européenne peuvent être électeurs en France (art. 88-3 de la Constitution et art. LO227-1 *s.* du code électoral). Cette évolution ne concerne que les élections municipales et les élections européennes. Les électeurs européens doivent justifier d'une durée de résidence en France suffisante et être titulaires de leurs droits politiques et civils dans leur État d'origine. Ils sont inscrits sur une liste électorale complémentaire dans la commune où ils votent. Afin de préserver la souveraineté française, ils ne peuvent cependant ni être élus maires ni participer aux collèges électoraux sénatoriaux.

En Nouvelle-Calédonie, la loi organique du 19 mars 1999 a créé une **citoyenneté néo-calédonienne** et réserve ainsi le droit de vote pour les élections aux assemblées de provinces aux citoyens qui justifient d'une durée de résidence suffisante en Nouvelle-Calédonie et qui sont inscrits sur une liste électorale spéciale. Des conditions encore plus sévères devraient être mises en place pour les consultations sur l'accession à la pleine souveraineté prévues à partir de 2014 et jusqu'en 2019.

Quelles sont les caractéristiques des élections locales ?

Même s'il s'agit de désigner les assemblées d'administrateurs locaux, les élections locales sont des élections non administratives mais politiques.

L'article 3 de la Constitution, repris à l'article 1er du code électoral, prescrit que «**le suffrage peut être direct ou indirect** (…). **Il est toujours universel, égal et secret**». Ces prescriptions valent pour les élections politiques nationales mais le Conseil constitutionnel a jugé que ces principes de valeur constitutionnelle s'opposent à toute division par catégories des électeurs ou des éligibles; qu'il en est ainsi pour tout suffrage politique, notamment pour l'élection des conseillers municipaux» (déc. n° 82-146 DC du 18 novembre 1982 «Quotas par sexe I»). Les élections municipales, et plus largement les scrutins locaux, sont donc des élections politiques.

Dans sa décision n° 92-308 DC du 9 avril 1992 à propos du droit de vote et d'éligibilité des ressortissants de l'Union européenne aux élections municipales, le juge constitutionnel a précisé qu'il ressortait des articles 3, 24 al. 3 (devenu depuis al. 4) et 72 que «la désignation des conseillers municipaux a une incidence sur l'élection des sénateurs; (…) que le Sénat participe à l'exercice de la souveraineté nationale». Autrement dit, les élections locales désignant des membres des collèges électoraux sénatoriaux, elles sont soumises aux conditions constitutionnelles valables pour les élections nationales.

Il en découle que les électeurs sont ceux de l'article 3 de la Constitution et que les élections locales sont notamment **soumises aux principes de parité et de pluralisme** (art. 1 et 4).

Enfin, malgré leur caractère politique, **le contentieux des élections locales est confié au juge administratif**.

Quels sont les principes régissant les élections des organes de la commune ?

▶ Les élections municipales, qui désignent les membres du conseil municipal, ont lieu **tous les six ans, au suffrage universel direct**.

La circonscription électorale est la commune, sauf à Paris, Lyon et Marseille : l'élection a lieu dans le cadre de l'arrondissement pour Paris et Lyon, et par secteurs regroupant deux arrondissements pour Marseille (art. 261 du code électoral).

▶ Le **nombre de conseillers municipaux à élire varie selon la taille de la commune** : de 7 conseillers (depuis la loi du 17 mai 2013) pour les communes de moins de 100 habitants à 69 pour les communes de 300 000 habitants ou plus (art. L2121-2 CGCT).

Le **mode de scrutin** municipal étant globalement un scrutin majoritaire de liste, il convient de l'adapter à la situation des communes les plus petites où il serait difficile de constituer des listes complètes, ainsi qu'à la situation des communes les plus peuplées pour lesquelles il est important de dégager une majorité municipale.

Le **mode de scrutin varie donc selon le nombre d'habitants de la commune** : scrutin majoritaire dans les communes de moins de 1 000 habitants, scrutin proportionnel dans les autres. Cherchant à concilier ces impératifs liés à la taille des communes avec ceux de la parité et de l'élection d'une majorité municipale porteuse d'un projet, la loi du 17 mai 2013 a abaissé de 3 500 à 1 000 habitants le seuil pour l'application du scrutin à la proportionnelle.

▶ Les conseillers municipaux sont **élus pour six ans**, et sont **renouvelés intégralement au mois de mars de l'année électorale concernée** (art. L227 du code électoral). Le **maire** est élu par et au sein du conseil municipal, au scrutin secret et à la majorité absolue pour les deux premiers tours de scrutin, et à la majorité relative si un troisième tour est nécessaire (art. L2122-1 et L2122-4 CGCT).

La durée des fonctions des **adjoints** est liée à celle des fonctions du maire (art. L2122-10 CGCT). Le nombre d'adjoints est fixé par le conseil municipal mais ne peut cependant excéder 30 % de l'effectif légal du conseil municipal (art. L2122-2 CGCT). La loi du 27 février 2002 relative à la démocratie de proximité autorise toutefois à dépasser cette limite dans les communes de 80 000 habitants par la création de postes d'adjoints chargés de quartiers, dans une limite de 10 % de l'effectif du conseil municipal (art. L2122-2-1 CGCT).

▶ Enfin, la loi du 31 janvier 2007 tendant à promouvoir l'égal accès des femmes et des hommes aux mandats électoraux et fonctions électives avait instauré l'**obligation de parité pour les exécutifs des communes** de 3 500 habitants et plus, cette obligation concernant les adjoints au maire. Depuis la loi du 17 mai 2013, c'est **dans toutes les communes de plus de 1 000 habitants** que doit être respecté le principe de la parité.

La loi du 16 décembre 2010 de réforme territoriale et la loi électorale du 17 mai 2013 posent le principe de l'**élection au suffrage universel des assemblées des établissements publics de coopération intercommunale à fiscalité propre** (*cf.* chapitre 5). Cette innovation a entraîné des modifications sur les modes de scrutin applicables aux élections municipales.

Quel est le mode de scrutin pour les élections municipales dans les communes de moins de 1000 habitants?

▶ Depuis la loi du 17 mai 2013, dans les communes de moins de 1 000 habitants (le seuil était auparavant fixé à 3 500), le scrutin est **majoritaire, plurinominal de liste, à deux tours**. Les électeurs peuvent modifier les listes, panacher, ajouter ou supprimer des candidats sans que le vote soit nul. Les listes incomplètes et les candidatures individuelles sont autorisées.

Contrairement à ce qui se passe pour les communes de plus de 1 000 habitants, il n'y a **pas d'obligation de parité** femmes/hommes.

Une **déclaration de candidature** est désormais obligatoire, quelle que soit la taille de la commune (ce qui n'était pas le cas, avant la loi du 17 mai 2013, pour les petites communes dans lesquelles pouvaient être élues des personnes n'ayant pas fait acte de candidature). La candidature au seul second tour est possible mais uniquement dans l'hypothèse où le nombre de candidats au premier tour est inférieur au nombre de sièges à pourvoir.

▶ Obtiennent un siège au conseil municipal au premier tour les candidats remplissant une double condition : avoir obtenu la majorité absolue des suffrages exprimés et recueilli au moins un quart des suffrages des électeurs inscrits. Les suffrages sont décomptés individuellement par candidat et non par liste.

Pour les sièges restant à pourvoir, un second tour est organisé : l'élection a lieu à la majorité relative, quel que soit le nombre de votants. Les candidats obtenant le plus grand nombre de voix sont élus. Si plusieurs candidats obtiennent le même nombre de suffrages, l'élection est acquise pour le plus âgé.

▶ Dans les communes de moins de 1 000 habitants, les **conseillers communautaires** (c'est-à-dire ceux qui représentent les communes dans les organes intercommunaux) sont les membres du conseil municipal désignés « dans l'ordre du tableau » (maire, premier adjoint, deuxième adjoint…).

Quel est le mode de scrutin pour les élections municipales dans les communes de 1 000 habitants et plus ?

▶ Depuis la loi du 17 mai 2013, le scrutin de liste, jusqu'alors réservé aux communes de 3 500 habitants et plus, s'applique à partir de 1 000 habitants. Le scrutin est **proportionnel, de liste, à deux tours avec prime majoritaire** accordée à la liste arrivée en tête (art. L260 s. du code électoral). Les listes doivent être **complètes, sans modification de l'ordre de présentation**.

Le dépôt d'une **déclaration de candidature** est exigé pour chaque tour de scrutin. Un candidat ne peut l'être dans plus d'une circonscription électorale, ni sur plus d'une liste.

Les listes doivent être composées d'**autant de femmes que d'hommes**, avec alternance obligatoire une femme un homme ou inversement.

▶ **Au premier tour**, la liste qui obtient la majorité absolue des suffrages exprimés reçoit un nombre de sièges égal à la moitié des sièges à pourvoir. Les autres sièges sont répartis à la représentation proportionnelle à la plus forte moyenne entre toutes les listes ayant obtenu plus de 5 % des suffrages exprimés, en fonction du nombre de suffrage obtenus.

Lors de l'éventuel second tour, seules les listes ayant obtenu au premier tour au moins 10 % des suffrages exprimés sont autorisées à se maintenir. Elles peuvent connaître des modifications, notamment par fusion avec d'autres listes pouvant se maintenir ou fusionner. En effet, les listes ayant obtenu au moins 5 % des suffrages exprimés peuvent fusionner avec une liste ayant obtenu plus de 10 %. La répartition des sièges se fait alors comme lors du premier tour.

▶ Les trois villes les plus peuplées connaissent ce mode de scrutin (art. L271 s.). Ainsi, l'élection se fait par secteurs constitués chacun d'un arrondissement à **Paris** et à **Lyon** (l'entrée en vigueur de la métropole de Lyon, le 1er janvier 2015, ne changeant rien sur ce point), et de deux à **Marseille**. On ne peut pas être candidat dans plusieurs secteurs. L'élection des conseillers municipaux et conseillers d'arrondissement se fait en même temps et selon les mêmes règles, sur la même liste (art. L272-5). C'est donc un dispositif à double étage.

La loi de 2013, qui met en place un nouveau mode de désignation des conseillers siégeant dans les organes intercommunaux, n'instaure pas une élection distincte de celle des conseillers municipaux. Au contraire, à la suite de l'adoption d'un amendement proposé par les parlementaires (qui sont aussi des élus locaux ou l'ont été), **la désignation des conseillers intercommunaux se fait dans le cadre des élections municipales**, les premiers des listes élues ayant vocation à siéger au sein des intercommunalités. Ce lien très fort entre les listes municipales et les élus dans les assemblées communautaires est une garantie que ces assemblées comprennent exclusivement des élus municipaux.

Ce nouveau mode de désignation, considéré par le législateur comme une étape vers l'élection directe de ces élus, contribue néanmoins à rapprocher les établissements publics de coopération intercommunale des collectivités territoriales, qui se caractérisent, selon l'article 72 de la Constitution, par l'existence de conseils élus.

Quel est le mode de scrutin pour les élections départementales ?

▶ Les élections départementales (ex-cantonales) désignent les membres du conseil départemental (ex-général) dans le cadre du canton.

De la loi départementale de 1871, qui l'avait mis en place, jusqu'à la réforme territoriale du 16 décembre 2010, qui prévoyait, à partir de 2014, l'élection de conseillers territoriaux, le scrutin pour les élections cantonales avait toujours été uninominal à deux tours.

En 2013, le mode de scrutin a fait l'objet d'une **réforme importante** : abandonnant cette catégorie nouvelle d'élus locaux qu'étaient les conseillers territoriaux, le législateur a adopté le **scrutin binominal majoritaire à deux tours dans le cadre d'un canton élargi** (loi du 17 mai 2013, art. L192 *s.* du code électoral), qui concilie à la fois parité et proximité.

▶ **Élus pour six ans**, les conseillers départementaux (selon la nouvelle appellation retenue par la loi en remplacement de celle de conseillers généraux) seront désormais **renouvelés en intégralité**. Il est à noter que Paris, à la fois commune et département, ne connaît pas d'élections départementales, le Conseil de Paris étant élu selon le scrutin municipal.

Les binômes de candidats de sexes différents doivent déposer une **déclaration conjointe de candidature** avant chaque tour de scrutin.

▶ Pour être élu au premier tour, un binôme de candidats doit recueillir **à la fois la majorité absolue des suffrages exprimés et le quart des électeurs inscrits**. Si aucun binôme ne l'obtient, un second tour est organisé.

Au second tour, sont autorisés à se présenter les binômes ayant obtenu au moins 12,5 % des voix des électeurs inscrits (art. L210, al. 8). Cependant, comme cette seconde condition est sévère, notamment en raison de l'abstention souvent élevée, le code électoral autorise le binôme qui a recueilli le plus de suffrages, après le binôme remplissant les conditions, à se maintenir, ou les deux si aucun ne remplit les conditions, comme cela était déjà le cas précédemment avec le scrutin uninominal. Au second tour, la majorité relative suffit pour être élu.

Par ailleurs, pour conforter la parité, la loi prévoit que le **binôme des suppléants** des candidats doit lui aussi être composé de **deux personnes de sexes différents**, afin que chaque candidat et son remplaçant soient du même sexe.

Les dispositions portant sur le remplacement des conseillers départementaux décédés ou démissionnaires, à la suite de la censure partielle par le Conseil constitutionnel de la loi du 17 mai 2013, ont été adoptées par le législateur dans la

loi du 16 janvier 2015 sur la carte régionale. Les dispositions censurées pouvaient conduire à laisser vacants trop
de sièges de conseillers départementaux et pour une durée
trop longue, ce qui a été jugé contraire au principe de libre
administration des collectivités territoriales.

Ce nouveau mode de scrutin entrera en application à compter
du renouvellement de mars 2015.

Quel est le mode de scrutin pour les élections régionales ?

▶ Les élections régionales désignent les membres du conseil
régional dans le cadre de la région avec des sections départementales (loi du 11 avril 2003). Les assemblées régionales
sont **élues pour six ans, avec renouvellement intégral**.

Collectivité locale jeune, la région a connu plusieurs modes
de scrutin. La loi n° 99-36 du 19 janvier 1999, modifiée par
celle du 11 avril 2003, fixe le mode de scrutin actuel : **scrutin
de liste, à deux tours,** avec représentation proportionnelle
à la plus forte moyenne, sans panachage ni vote préférentiel,
se combinant avec une prime majoritaire (art. L336 *s.* du
code électoral).

Le remplacement des conseillers régionaux par des conseillers territoriaux, que prévoyait la loi du 16 décembre 2010 à
partir de 2014, a été annulé par la loi du 17 mai 2013 et le
mode de scrutin régional a donc été restauré.

Une déclaration de candidature est obligatoire avant chaque
tour de scrutin.

▶ Au **premier tour**, la liste qui recueille la majorité absolue
des suffrages exprimés reçoit un quart des sièges à pourvoir,
arrondi à l'entier supérieur (art. 338). Les autres sièges sont
répartis selon la règle de la plus forte moyenne entre toutes
les listes ayant obtenu plus de 5 % des suffrages exprimés.

Si aucune liste n'obtient la majorité absolue, il est procédé
à un **deuxième tour**. Seules sont autorisées à se présenter
les listes ayant obtenu plus de 10 % des suffrages exprimés
au premier tour. Par ailleurs, entre les deux tours, les listes

peuvent être modifiées, notamment pour fusionner avec des listes ayant obtenu au moins 5 % des suffrages exprimés. La répartition des sièges se fait selon les mêmes règles que pour le premier tour, à ceci près que la majorité absolue n'est plus requise.

La loi du 6 juin 2000 applique au scrutin régional la **parité stricte** des candidatures.

▶ La loi du 16 janvier 2015 relative à la délimitation des régions ne change pas le mode de scrutin mais a pour conséquence la redéfinition du nombre des élus de chaque département au sein des conseils régionaux dont les périmètres seront élargis. Le report des élections régionales à décembre 2015 désynchronisera, au moins pour les prochains scrutins, les élections régionales des élections municipales ou départementales. La concomitance avait pourtant été adoptée pour lutter contre l'abstention électorale.

LES ÉLUS ET LES ORGANES LOCAUX

Existe-t-il un statut de l'élu local ?

Il faut attendre la **loi du 3 février 1992 relative aux conditions d'exercice des mandats locaux** pour que le statut d'élu local voie une première concrétisation (art. L2123-1 s., L3123-1 s. et L4135-1 s. CGCT).

▶ Le **principe de la gratuité** est posé par l'article L2123-17 CGCT pour les maires et les adjoints. Ceux-ci reçoivent toutefois des **indemnités de fonction**. Elles sont calculées par référence à l'indice brut terminal de l'échelle indiciaire de la fonction publique, selon un pourcentage variable en fonction de la catégorie et la taille de la collectivité, et la nature des fonctions (membre de l'organe délibérant ou de l'organe exécutif). N'en bénéficient cependant que les conseillers municipaux des communes de plus de 100 000 habitants, les conseillers départementaux et régionaux, les maires et adjoints, et les présidents et vice-présidents délégataires des assemblées départementales et régionales (art. L2123-20, L3123-15 et L4135-15).

Les élus locaux ont droit au **remboursement des frais occasionnés par l'exercice de leur mandat**, notamment les élus départementaux et régionaux pour se rendre aux réunions de l'assemblée ou des organismes dans lesquels ils représentent la collectivité.

▶ Depuis la loi du 3 février 1992, chaque élu a droit à **dix-huit jours de formation** gratuite pour l'élu, dispensée par un organisme agréé, dans un domaine de son choix mais en rapport avec l'exercice de son mandat (art. L2123-12, L3123-10 et L4135-10).

▶ La loi de 1992 a institué un système de **crédits d'heures** qui permet aux élus de bénéficier d'autorisations d'absence professionnelle pour préparer et assister aux séances (art. L2123-1, L3123-1 et L4135-1). Ce crédit d'heures varie selon la taille de la commune et selon que l'élu est président ou vice-président de l'assemblée ou simple conseiller.

▶ En outre, les lois organique et ordinaire du 14 février 2014 **interdisent**, à compter du 31 mars 2017, **le cumul des fonctions** dans un exécutif local avec un mandat de parlementaire national ou européen.

▶ Enfin, les titulaires d'un mandat exécutif local sont concernés, comme tous les élus, par les lois organique et ordinaire du 11 octobre 2013 qui visent à **prévenir les conflits d'intérêts** et **garantir la transparence** de la vie publique. Ces lois posent l'obligation, pour les élus entre autres, de fournir à la Haute Autorité pour la transparence de la vie publique une déclaration d'intérêts et une déclaration de situation patrimoniale, mises à disposition des citoyens par cette Autorité.

▶ Cependant, ces éléments ne constituent pas un réel statut de l'élu. Aussi, des **travaux parlementaires** ont été engagés en ce sens : au Sénat, une proposition de loi visant à faciliter l'exercice, par les élus locaux, de leur mandat, a été adoptée en deuxième lecture en janvier 2014. À l'Assemblée nationale, un rapport d'information sur le statut de l'élu a été remis par les députés Philippe Doucet et Philippe Gosselin le 19 juin 2013.

TAUX DE FÉMINISATION DES ÉLUS LOCAUX
ET RÉPARTITION PAR CLASSE D'ÂGE*

Mandats	Effectifs	Taux de fémini-sation	Répartition par classe d'âge		
			Moins de 40 ans	40 à 59 ans	60 ans et plus
Conseillers régionaux	1 880	48,5 %	11,1 %	57,0 %	31,9 %
Conseillers départementaux	4 052	16,3 %	3,1 %	38,0 %	58,9 %
Maires	36 756	16,0 %	3,8 %	46,5 %	49,7 %

* Mandats au 1er avril 2014, données provisoires.

UN TAUX DE FÉMINISATION DES MAIRES ENCORE FAIBLE

Taille de la commune	2008	2014*
Moins de 3 500 habitants	14,3 %	16,3
De 3 500 à moins de 9 000 habitants	10,2 %	12,7
De 9 000 à moins de 30 000 habitants	8,1 %	12,9
De 30 000 à moins de 100 000 habitants	11,3 %	11,1
100 000 habitants et plus	13,5 %	14,6
Total	**13,5 %**	**16,0**

* Données provisoires.
Source : ministère de l'Intérieur, bureau des élections et des études politiques, *in* DGCL, *Les collectivités locales en chiffres 2014*, www.collectivites-locales.gouv.fr

Qu'en est-il de la responsabilité pénale des élus locaux?

Depuis les années 1990, plusieurs lois sont venues encadrer la responsabilité pénale des élus locaux dans l'exercice de leurs fonctions.

▶ Concernant les délits intentionnels, l'objectif est la moralisation de la vie publique. Ainsi, la loi du 3 janvier 1991, relative à la transparence et à la régularité des procédures de marchés, crée un délit spécifique à la gestion publique, le délit d'octroi d'avantage injustifié (ou «**délit de favoritisme**») codifié à l'article 432-14 du code pénal. Le nouveau code pénal de 1992 sanctionne la **corruption** et le **trafic d'influence** (art. 432-11), ainsi que la **prise illégale d'intérêts** (art. 432-12).

Pour ce qui est des **délits non intentionnels**, la loi du 13 mai 1996 relative à la responsabilité pénale pour des faits d'imprudence ou de négligence et la loi «Fauchon» du 10 juillet 2000 qui la complète visent à pénaliser, mais de manière encadrée, afin de la limiter, la responsabilité des élus locaux dans des situations d'accidents.

Pour que la responsabilité pénale des élus soit engagée, il faut que puisse être constatée (art. 121-3 du code pénal) :
– soit une violation manifestement délibérée d'une obligation particulière de prudence ou de sécurité prévue par la loi ou le règlement;
– soit une faute caractérisée qui exposait autrui à un risque d'une particulière gravité ne pouvant être ignorée.

▶ Quant aux collectivités locales et leurs groupements, depuis 1994, ils ne sont responsables pénalement que des infractions commises dans l'exercice d'activités susceptibles de faire l'objet de conventions de délégation de service public (art. 121-2 du code pénal).

Quelle est la répartition des compétences entre les organes locaux ?

Chaque collectivité territoriale est dotée d'un organe délibérant et d'un organe exécutif : conseil municipal et maire pour la commune, conseil départemental et président du conseil départemental pour le département, conseil régional et président du conseil régional pour la région.

▸ **L'organe délibérant, élu au suffrage universel direct**, **dispose de la compétence de principe**, ce qui lui permet de décider sur toute affaire d'intérêt local (art. L2121-29, art. L3211-1, art. L4221-1 CGCT).

▸ **L'organe exécutif a pour rôle de préparer et d'exécuter les délibérations**. Il occupe en réalité une place centrale car il est le «chef de l'administration locale», l'assemblée étant parfois réduite au rôle d'une chambre d'enregistrement. Sauf dans certaines collectivités spécifiques (Corse, Polynésie française, Nouvelle-Calédonie et Martinique à compter de 2015), cette fonction est attribuée au président de l'organe délibérant.

L'organe exécutif peut aussi disposer de **compétences propres** :

– **le maire est titulaire du pouvoir de police administrative** : il peut prendre toutes les mesures nécessaires pour prévenir les atteintes à l'ordre public (art. L2212-1 s.). Le conseil municipal est incompétent pour intervenir dans ces domaines, sauf sous la forme d'avis ou de vœux que le maire n'est pas tenu de suivre ;

– le **président du conseil départemental gère le domaine public du département** et, à ce titre, il dispose d'un pouvoir de police domaniale (art. L3221-4).

Les maires et les présidents des conseils départemental et régional ont aussi la fonction de chefs des services municipaux, départementaux et régionaux et sont titulaires d'un **pouvoir hiérarchique**, afin de nommer, promouvoir, sanctionner et révoquer les fonctionnaires de leur collectivité, dans les limites du statut de la fonction publique.

À QUELLE CATÉGORIE SOCIOPROFESSIONNELLE LES ÉLUS LOCAUX APPARTIENNENT-ILS? (EN %)

Catégorie socio-professionnelle	Conseillers municipaux [1]	Maires [1]	Conseillers généraux [2]	Conseillers régionaux [3]	Population de 15 ans et plus [4]
Agriculteurs exploitants	10,2	13,7	5,4	2,9	0,9
Artisans, commerçants et chefs et chefs d'entreprise	7,3	3,1	6,1	6,4	3,4
Cadres et professions intellectuelles supérieures	8,0	10,2	32,3	32,2	8,7
Professions intermédiaires	20,0	18,6	14,4	25,6	13,9
Employés	21,2	7,7	4,7	8,9	16,6
Ouvriers	4,1	1,1	0,4	1,1	13,4
Autres professions	2,1	0,9	3,6	7,6	43,1
Retraités	24,1	42,6	29,9	9,9	
Autres sans activité professionnelle	3,0	2,1	3,2	5,4	
Total	**100**	**100**	**100**	**100**	**100**

1. Élections de 2014 (données provisoires).
2. Élections de 2011. Les conseillers généraux s'appellent désormais conseillers départementaux (loi du 17 mai 2013).
3. Élections de 2010.
4. Insee, recensement de la population 2010, exploitation complémentaire.
Lecture : Les agriculteurs exploitants représentent 0,9 % de la population totale, mais 10,2 % des conseillers municipaux, 13,7 % des maires, etc.
Source : ministère de l'Intérieur, bureau des élections et des études politiques, *in* DGCL, *Les collectivités locales en chiffres 2014*, www.collectivites-locales.gouv.fr

LA DÉMOCRATIE DIRECTE ET PARTICIPATIVE

En quoi le référendum local consiste-t-il ?

Le référendum local permet aux électeurs d'une collectivité territoriale, sous certaines conditions, de **décider par leur vote de la mise en œuvre ou non d'un projet concernant une affaire locale** (par exemple, l'implantation d'éoliennes, la création d'une police municipale, le choix du nom des habitants…).

▶ Le projet soumis à référendum local est adopté si la moitié au moins des électeurs inscrits a pris part au scrutin et s'il réunit la majorité des suffrages exprimés. **Si cette dernière condition est remplie, le référendum vaut décision** que la collectivité locale organisatrice doit juridiquement appliquer. Dans le cas contraire, le référendum n'a que la portée d'un avis consultatif.

Les articles LO1112-1 *s.* CGCT encadrent le référendum local :
– l'exécutif local est seul compétent pour proposer à l'assemblée délibérante l'organisation d'un référendum portant sur un acte relevant de sa compétence ;
– seuls les électeurs, et non l'ensemble des habitants, peuvent voter. Les électeurs européens peuvent participer aux référendums organisés par leur commune ;
– le représentant de l'État peut s'opposer à tout projet de référendum organisé sur un objet ne relevant pas de la compétence de la collectivité organisatrice ;
– le référendum ne peut être organisé dans les six mois précédant le renouvellement intégral ou partiel de l'assemblée délibérante. Il ne peut être organisé le même jour que d'autres élections locales ou nationales, ou des consultations statutaires ;
– la délibération organisatrice et l'objet du référendum ne peuvent compromettre l'exercice d'une liberté publique ou individuelle ;
– les dépenses liées à l'organisation du référendum sont à la charge de la collectivité organisatrice.

Le référendum est **ouvert à toutes les collectivités territoriales** depuis la révision constitutionnelle du 28 mars 2003 (art. 72-1 al. 2 de la Constitution).

Qu'est-ce qu'une consultation locale ?

▶ La loi du 13 août 2004 crée dans le CGCT une section nouvelle « Consultation des électeurs » (art. L1112-15 s.). Elle généralise à toutes les collectivités territoriales la possibilité de **consulter leurs électeurs « sur les décisions que les autorités de cette collectivité envisagent de prendre pour régler les affaires relevant de la compétence de celle-ci »**.

Les électeurs eux-mêmes peuvent être à l'initiative d'une demande de consultation (ce qui n'est pas le cas pour le référendum local), la décision de l'organiser revenant toutefois à l'assemblée délibérante (art. L 1112-16).

Les articles L5211-49 s. prévoient les consultations intercommunales sur un modèle identique, accentuant le rapprochement entre les communes et les intercommunalités.

La consultation locale n'est qu'une **demande d'avis**, et « après avoir pris connaissance du résultat, l'autorité compétente de la collectivité territoriale arrête sa décision sur l'affaire qui en a fait l'objet » (art. L1112-20). C'est notamment ce qui différencie la consultation du référendum local.

▶ L'article 72-1 al. 3 de la Constitution prévoit une autre consultation qui a valeur d'avis : « Lorsqu'il est envisagé de **créer une collectivité territoriale dotée d'un statut particulier ou de modifier son organisation**, il peut être décidé par la loi de consulter les électeurs inscrits dans les collectivités intéressées. La **modification des limites des collectivités territoriales** peut également donner lieu à la consultation des électeurs dans les conditions prévues par la loi. » Cette consultation a connu une seule application, en juillet 2003, à propos d'un nouveau statut de la Corse. Le vote négatif des électeurs corses a entraîné l'abandon du projet.

▶ Mais c'est sur le fondement de l'article L 4124-1 CGCT, introduit par la loi du 16 décembre 2010, que les électeurs alsaciens ont été appelés à se prononcer, le 7 avril 2013, à l'initiative des trois collectivités concernées, sur le **projet de création d'un Conseil d'Alsace**, collectivité unique qui devait remplacer les deux départements du Bas-Rhin et Haut-Rhin et la région d'Alsace. Cependant, les électeurs ayant répondu par la négative, cette réforme n'a pas été mise en œuvre par le Gouvernement.

Quels sont les autres outils de démocratie locale ?

▶ Des **conseils de quartier** peuvent être créés dans les communes de 20 000 habitants et plus et sont obligatoires dans les villes de plus de 80 000 habitants (art. L2143-1 s. CGCT). Le conseil municipal en détermine l'organisation, le périmètre… Ils peuvent exister de façon informelle dans les communes de moins de 20 000 habitants.

Les conseils de quartier ont un **rôle d'avis et de proposition sur toutes questions intéressant le quartier ou la ville** (amélioration du cadre de vie, mise en place de nouveaux équipements publics…).

▶ De façon à associer les citoyens à la gestion des services publics locaux (eau potable, gestion des déchets, transports urbains…), l'article L1413-1 CGCT oblige les collectivités territoriales importantes (régions, départements, communes de plus de 10 000 habitants) à créer une **commission consultative des services publics locaux** (CCSPL), pour l'ensemble des services gérés par délégation de service public ou exploités en régie dotée de l'autonomie financière.

La CCSPL est présidée par l'exécutif local. Elle comprend des membres de l'organe délibérant désignés à la représentation proportionnelle et des représentants d'associations locales. Elle doit être **consultée,** avant que l'assemblée délibérante de la collectivité ne statue, **sur les projets de délégation de service public, de création de régies dotées de l'autonomie financière ou de partenariat.**

▶ Enfin, l'article 72-1 de la Constitution ouvre la possibilité pour les électeurs de chaque collectivité territoriale « par l'exercice du **droit de pétition**, [de] demander l'inscription à l'ordre du jour de l'assemblée délibérante de cette collectivité d'une question relevant de sa compétence ». La loi ordinaire en fixant les modalités n'avait toujours pas été adoptée début 2015.

QUELQUES EXEMPLES DE LA PRATIQUE DU RÉFÉRENDUM LOCAL

Englancourt (Aisne)	8 avril 2006	Déplacement du monument aux morts
Aizelle (Aisne)	19 juin 2006	Programme d'aménagement d'un bassin versant
Alet-les-Bains (Aude)	1er décembre 2006 (annulation par CAA)	Mode de gestion du service d'eau et d'assainissement
Saint-Aignan-de-Noyers (Cher)		Choix du nom des habitants
Crozant (Creuse)	5 mai 2006 (annulé par le TA de Limoges – acte individuel)	Démolition d'un bâtiment
Larnod (Doubs)	8 décembre 2005	Projet de carrière
Malons-et-Elze (Gard)	27 novembre 2005 et 27 janvier 2007	Implantation d'éoliennes
Castanet-Tolosan (Haute-Garonne)	16 novembre 2006	Transports urbains
Candé-sur-Beuvron (Loir-et-Cher)	16 janvier 2006	Adhésion à la communauté d'agglomération de Blois
Thouaré (Loire-Atlantique)	19 décembre 2005	Création d'une police municipale
Souilly (Meuse)	5 décembre 2005	Projet de création d'une fosse de stockage temporaire de lisier et d'un plan d'épandage
Garchizy (Nièvre)	Délibération du 12 juin 2006 (annulée par le TA de Dijon, 9 novembre 2006)	Au sujet des décisions par les entreprises DIM et FACOM sur des plans de fermetures de leurs implantations locales

Commune	Délibération / Décision	Sujet
Varennes-Vauzelles (Nièvre)	Délibération du 12 juin 2006 (annulée par le TA de Dijon, 5 octobre 2006)	Au sujet des décisions par les entreprises DIM et FACOM sur des plans de fermetures de leurs implantations locales
Banvou (Orne)	15 février 2006	Projet de construction d'un commerce local
Arifat (Tarn)	4 décembre 2006	Acquisition d'un ensemble immobilier (école privée) et des parcelles attenantes
Mandre-les-Roses (Val-de-Marne)	28 mars et 29 mai 2006	Réalisation d'un programme d'habitations sur un domaine communal
Le Thillot (Vosges)	16 novembre 2006	Constitution d'une communauté de communes et projet de statuts
Saint-Michel-sur-Orge (Essonne)	19 juin 2006 (annulée par le TA de Versailles, 22 décembre 2006).	Droit de vote des étrangers
Gennevilliers et Clichy-la-Garenne (Hauts-de-Seine) Aubervilliers, La Courneuve, Saint-Denis, Le Blanc-Mesnil (Seine-Saint-Denis)	Déférés préfectoraux 2006 (annulation par le TA)	Droit de vote et éligibilité des résidents étrangers non communautaires aux élections locales
Ivry-sur-Seine (Val-de-Marne)	Délibération du 18 mai 2006 (annulation par le TA de Melun 5 octobre 2006 – Appel de la commune devant la CAA de Paris rejeté, 25 septembre 2007)	Maintien d'un équipement hospitalier sur le territoire de la commune

Source : Direction générale des collectivités locales (DGCL).

CHAPITRE 4

L'ACTION DES COLLECTIVITÉS TERRITORIALES

LES COMPÉTENCES

Qu'est-ce que la clause générale de compétence ?

La clause générale de compétence signifie que les collectivités territoriales disposent d'**une capacité d'intervention générale, sans qu'il soit nécessaire de procéder à une énumération de leurs attributions**. Elle repose sur les « affaires de la collectivité » ou l'intérêt public local. Elle découle de la loi municipale de 1884 et a été étendue en 1982 aux autres collectivités territoriales.

▶ Cette « clause générale de compétence » a une double vocation :
– elle distingue les compétences de l'organe délibérant de celles de l'organe exécutif, en donnant au premier une compétence de principe ;
– elle protège la collectivité concernée contre les empiétements de l'État et ceux des autres collectivités.

En outre, elle oppose les collectivités territoriales aux établissements publics régis par le principe de spécialité, selon lequel ces derniers n'ont d'autres compétences que celles qui leur sont attribuées par l'acte les ayant institués.

La clause générale de compétence est inscrite aux articles L2121-29 CGCT pour les communes, L3211-1 pour les départements et L4221-1 pour les régions.

▶ La loi du 16 décembre 2010 prévoyait de conserver la clause générale de compétence pour les seules communes. Pour les conseils général et régional, les articles L3211-1 et

L4221-1 modifiés précisaient qu'à compter du 1er janvier 2015 ils devaient régler les affaires de leurs collectivités respectives « dans les domaines de compétence que la loi [leur] attribue » et qu'ils pourraient « se saisir de tout objet d'intérêt départemental [ou régional] pour lequel la loi n'a donné compétence à aucune autre personne publique ». Cette « semi-suppression » de la clause générale a été vivement contestée, notamment par de nombreux élus.

La loi du 27 janvier 2014 de modernisation de l'action publique territoriale et d'affirmation des métropoles a restauré la clause de compétence générale au profit des départements et des régions. Toutefois, le projet de loi portant nouvelle organisation territoriale de la République, en cours de discussion au Parlement début 2015, propose à nouveau de ne la maintenir qu'au profit des communes.

Quels étaient les principes initiaux de répartition des compétences ?

Les lois des 7 janvier et 22 juillet 1983, modifiées par les lois du 25 janvier 1985 et du 6 janvier 1986, ont systématisé le transfert de compétences aux collectivités territoriales par « blocs de compétences » et posé différents principes :

– le **transfert par blocs de compétences si possible à un seul échelon territorial**, pour éviter les compétences partagées. Cet objectif n'a finalement pas été réalisé car les collectivités territoriales ont, dans beaucoup de domaines, des compétences complémentaires ;

– l'**interdiction**, sous couvert de transfert de compétences à une collectivité locale, d'établir ou **d'exercer une tutelle sur une autre collectivité**. Ce principe est désormais constitutionnalisé à l'article 72 al. 5 de la Constitution ;

– l'accompagnement des transferts de compétences d'une **compensation financière** (principe repris depuis 2003 à l'article 72-2C). Celle-ci se réalise par le transfert de ressources fiscales et par le versement par l'État d'une dotation générale de décentralisation ; ou encore par des transferts de services de l'État aux collectivités territoriales et par la mise à disposition des services de l'État nécessaires à l'exercice des compétences transférées aux collectivités. Cette disposition ne règle pas le problème des compétences enchevêtrées ni du manque de ressources dans certains cas.

Comment la clarification des compétences est-elle mise en œuvre ?

▶ La réforme de 2010 avait posé des principes de **clarification des compétences** : exclusivité en principe de l'exercice des compétences, possibilité de délégation de compétences à une collectivité d'une autre catégorie, élaboration d'un schéma d'organisation des compétences et de mutualisation des services entre une région et les départements qui y sont inclus, limitation des financements croisés.

▶ Poursuivant l'objectif de clarification dans la répartition des compétences, la loi du 27 janvier 2014 de modernisation de l'action publique territoriale et d'affirmation des métropoles **renforce la technique du chef de filât.** Celle-ci peut se définir comme la possibilité de confier à une collectivité territoriale un rôle de coordination de l'action commune des collectivités, distinct de tout rôle de décision.

Ainsi la **région** voit son rôle de chef de file se confirmer ou se renforcer en matière d'aménagement et de développement durable du territoire ; de protection de la biodiversité ; de climat, de qualité de l'air et d'énergie ; de développement économique ; de soutien de l'innovation et de l'internationalisation des entreprises ; d'organisation de l'intermodalité et de complémentarité des modes de transports ; de soutien à l'enseignement supérieur et à la recherche.

Le **département** devient chef de file en matière d'action sociale et de développement social ; de contribution à la résorption de la précarité énergétique ; d'autonomie des personnes et de solidarité des territoires.

Quant à la **commune**, l'accent est mis sur la mobilité durable, l'organisation des services publics de proximité, l'aménagement de l'espace et le développement local.

▶ La loi du 27 janvier 2014 prévoit également que, dans les six mois qui suivent sa promulgation, le Gouvernement présente au Parlement un rapport sur les possibilités de **rationalisation et** de **regroupement des différents schémas régionaux et départementaux,** élaborés conjointement avec l'État ou non, en matière de développement économique, d'aménagement de l'espace, de transport et de mobilité, d'environnement, d'énergie et d'aménagement numérique. Ce rapport a été intégré dans l'étude d'impact sur le projet de loi NOTRe.

Qu'est-ce que l'intérêt public local ?

L'intervention des collectivités sur la base de la clause générale de compétences est soumise à l'existence d'un intérêt local à agir. La définition de l'intérêt local est complexe car celui-ci est évolutif dans le temps et l'espace, et est fonction de la taille de la collectivité. En outre, la superposition territoriale des collectivités en rend difficile la délimitation géographique. Le juge administratif contribue à son identification, au cas par cas.

▶ Les collectivités doivent tout d'abord **respecter l'initiative privée**, au nom de la liberté du commerce et de l'industrie. Celle-ci interdit ainsi aux collectivités territoriales de créer, en dehors des cas prévus par la loi, des services publics industriels et commerciaux, sauf si l'initiative privée est inexistante ou défaillante, et que des circonstances locales particulières justifient cette intervention au nom d'un intérêt public local. C'est ainsi que la jurisprudence a validé la création d'un cabinet dentaire municipal dans une commune où les services proposés par les dentistes libéraux étaient trop onéreux pour la population locale.

▶ Les collectivités ne peuvent **pas empiéter sur les compétences attribuées par la loi à un autre niveau d'administration**, dont l'État. L'appréciation de cette limite est facilitée lorsque la compétence est attribuée de manière exclusive. Elle ne l'est pas dans le cas de compétences concurrentes ou partagées.

▶ Les collectivités **ne peuvent pas intervenir dans un domaine qui n'est pas local :** ainsi une collectivité ne peut pas s'engager pour une cause politique internationale (soutien à un peuple en lutte) ou nationale (appel à voter « non » à un référendum national).

Quelles sont les compétences exercées par les communes ?

Lieu de l'**administration de proximité**, la commune dispose de compétences très diversifiées.

▶ Les lois de décentralisation lui ont transféré des compétences « décentralisées », c'est-à-dire exercées antérieurement par l'État, **en matière d'urbanisme**. Ainsi, les communes ont acquis une autonomie de décision et une liberté de conception dans l'élaboration des documents réglementaires d'urbanisme (plans locaux d'urbanisme, PLU sous réserve désormais de la compétence des EPCI et des métropoles ; zones d'aménagement concerté, ZAC), toutefois avec l'obligation de concertation et dans le respect des prescriptions nationales d'urbanisme. Les maires ont reçu, quant à eux, compétence pour délivrer les autorisations individuelles d'urbanisme, dont les permis de construire.

Les autres compétences communales sont très nombreuses :
– **domaine sanitaire et social** : mise en œuvre de l'action sociale facultative grâce aux centres communaux d'action sociale (gestion des crèches, des foyers de personnes âgées) ;
– **enseignement** : charge des écoles préélémentaires et élémentaires (création et implantation, gestion et financement, à l'exception de la rémunération des enseignants) ;
– **culture** : bibliothèques, musées, écoles de musique, création et entretien de salles de spectacle, organisation de manifestations culturelles ;
– **sports et loisirs** : création et gestion d'équipements sportifs, subvention d'activités sportives, y compris les clubs sportifs professionnels, aménagements touristiques.

▶ À ces compétences, il faut ajouter celles qui correspondent à des missions traditionnelles :
– **entretien de la voirie communale** ;
– **protection de l'ordre public local** par le biais du pouvoir de police du maire ;

et celles exercées par les maires et les adjoints au nom de l'État, mais grâce aux moyens et aux personnels de la commune :
– **état civil** (enregistrement des naissances, mariages et décès) ;
– **fonctions électorales** (organisation des élections…).

▶ La loi du 27 janvier 2014 de modernisation de l'action publique territoriale et d'affirmation des métropoles souligne le rôle de la commune comme chef de file pour fixer les modalités de l'action commune des collectivités territoriales et de leurs établissements publics pour l'exercice des compétences relatives à la **mobilité durable**, à l'organisation des **services publics de proximité**, à l'**aménagement de l'espace** et au **développement local**.

Quelles sont les compétences exercées par les départements ?

La loi du 27 janvier 2014 désigne le département comme **chef de file en matière d'aide sociale et de solidarité** des territoires. Le coût financier de ses interventions représente plus de la moitié de son budget de fonctionnement.

▶ Son action concerne notamment :
– l'**enfance** : protection maternelle et infantile, adoption, soutien aux familles en difficulté financière ;
– les **personnes handicapées** : politiques d'hébergement et d'insertion sociale, prestation de compensation du handicap (loi du 11 février 2005) ;
– les **personnes âgées** : création et gestion de maisons de retraite, politique de maintien des personnes âgées à domicile (allocation personnalisée d'autonomie) ;

– les **prestations légales d'aide sociale** : gestion du revenu de solidarité active ;
– la contribution à la résorption de la **précarité énergétique**.

Cette même loi prévoit que, dans les conditions fixées par décret en Conseil d'État, pour la période 2014-2020, est confié aux départements qui en font la demande tout ou partie des **actions relevant du Fonds social européen**.

▶ En matière d'éducation, il assure :
– la construction, l'entretien et l'équipement des **collèges** ;
– la gestion de **100 000 agents techniciens, ouvriers et de service** (TOS) (loi du 13 août 2004).

▶ Quant à l'aménagement, son action concerne :
– l'**équipement rural**, le **remembrement**, l'**aménagement foncier**, la **gestion de l'eau et de la voirie rurale**, en tenant compte des priorités définies par les communes (lois de 1983) ;
– les **ports maritimes de pêche**, les **transports routiers non urbains** des personnes ;
– une **voirie** en extension, soit toutes les routes n'entrant pas dans le domaine public national (loi du 13 août 2004), ce qui a entraîné un transfert d'une partie des services de l'Équipement.

Le département a également une **compétence culturelle** : création et gestion des bibliothèques départementales de prêt, des services d'archives départementales, de musées ; protection du patrimoine.

Dans les domaines partagés jusqu'à maintenant, le département peut intervenir pour accorder des **aides directes ou indirectes au développement économique**.

L'adoption du projet de loi portant nouvelle organisation territoriale de la République, en cours de discussion au Parlement début 2015, est susceptible d'entraîner une diminution de cette liste de compétences du département.

Quelles sont les compétences exercées par les régions?

À la suite de la loi du 13 août 2004, la région apparaît comme la **collectivité bénéficiant des transferts les plus importants**.

Dans le domaine du développement économique, la région est compétente en matière de planification, de programmation des équipements et d'aménagement du territoire :
– gestion des **aides directes ou indirectes aux entreprises** pour les inciter à s'implanter sur le territoire régional, les départements et les communes pouvant participer à leur financement dans le cadre de conventions passées avec la région (loi du 27 février 2002) ;
– rôle majeur dans l'**élaboration et l'exécution de la partie régionale du contrat de plan** ;
– gestion des **transports régionaux de voyageurs**, notamment ferroviaires (réseau des trains express régionaux, TER), et **participation au financement des infrastructures**, comme la construction de nouvelles lignes de TGV.

La région est également compétente dans le domaine de l'**éducation** et de la **formation professionnelle** :
– mise en œuvre des **actions de formation professionnelle continue et d'apprentissage**, ce qui inclut l'insertion des jeunes en difficulté et les formations en alternance ;
– construction, entretien et fonctionnement des **lycées** d'enseignement général et des lycées et établissements d'enseignement agricole.

Par la loi du 27 février 2002, des compétences nouvelles, qui appartenaient jusque-là à l'État, sont transférées de manière expérimentale aux régions :
– **protection du patrimoine** ;
– développement des **ports maritimes** et des **aérodromes** ;
– mise en œuvre d'un plan régional pour la **qualité de l'air** et classement des **réserves naturelles régionales**, deux compétences nouvelles dans un domaine resté à l'écart des lois de décentralisation de 1983, à savoir l'environnement.

▶ En cas d'adoption du projet de loi portant nouvelle organisation territoriale de la République, en cours de discussion au Parlement début 2015, cette liste de compétences de la région pourrait être augmentée.

Les collectivités territoriales disposent-elles de compétences normatives ?

Les collectivités territoriales disposent d'un pouvoir réglementaire (c'est-à-dire du pouvoir de prendre des mesures à caractère général et impersonnel) **et de la possibilité d'intervenir en matière législative.**

▶ Avant la révision constitutionnelle de 2003, elles disposaient déjà d'un pouvoir réglementaire local dans quelques domaines, du fait de lois et de la jurisprudence. La loi de 1884 disposait en effet que le « conseil municipal règle par ses délibérations les affaires de la commune ». Elle prévoyait aussi l'édiction par le maire de mesures de police administrative destinées à prévenir les troubles à l'ordre public ; la création par les assemblées délibérantes, des services publics locaux et de leurs modalités de gestion. En outre, le pouvoir réglementaire du chef de service pour organiser les services de la collectivité locale avait été consacré par la jurisprudence administrative.

La révision constitutionnelle du 28 mars 2003 consacre l'existence d'un pouvoir réglementaire local (art. 72 al. 3).

Le pouvoir réglementaire est secondaire et résiduel :
– il est soumis au règlement national du Premier ministre et du président de la République (art. 21 et 13) ;
– il s'exerce « dans les conditions prévues par la loi » (principe de légalité) ;
– il se justifie pour « l'exercice de leurs compétences » (art. 72 al. 3).

Toutefois, ce pouvoir réglementaire local peut être étendu par le biais de l'**expérimentation** (art. 72 al. et 37-1).

▶ Quant à l'**intervention des collectivités territoriales en matière législative**, la Constitution prévoit :
– les lois du pays de Nouvelle-Calédonie (art. 77) ;
– l'expérimentation législative, avec l'interdiction de mettre en cause une liberté constitutionnelle ;
– un pouvoir normatif, notamment en matière législative, pour les collectivités territoriales situées outre-mer (art. 73 et 74-1).

En quoi l'expérimentation législative consiste-t-elle ?

L'expérimentation législative locale est l'**autorisation donnée par une loi à une collectivité territoriale d'appliquer une politique publique ne faisant pas partie de ses attributions légales, pour une période donnée**.

Elle a été introduite dans la Constitution (art. 72 al. 4) par la loi constitutionnelle du 28 mars 2003.

La loi organique du 1er août 2003 calque le cadre de l'expérimentation ouverte aux collectivités territoriales dans le domaine réglementaire sur celui de l'expérimentation dans le domaine législatif (art. LO1113-1 à LO1113-7 CGCT).

L'expérimentation est ainsi une **faculté laissée aux collectivités territoriales, mais très encadrée par le législateur**. La loi autorisant une expérimentation doit en effet préciser :
– l'objet de l'expérimentation ;
– sa durée (cinq années maximum) ;
– les caractéristiques des collectivités susceptibles d'expérimenter ;
– les dispositions auxquelles il pourra être dérogé.

Ensuite, les collectivités manifestent leur intention par l'adoption d'une délibération motivée. Puis le gouvernement fixe, par décret, la liste des collectivités admises pour l'expérimentation.

Avant la fin prévue de l'expérimentation, le gouvernement transmet un rapport, notamment d'évaluation, au Parlement qui détermine alors si l'expérimentation est soit prolongée, ou modifiée, pour trois ans maximum, soit maintenue et généralisée, soit abandonnée.

Cette expérimentation normative, qui autorise les collectivités à déroger aux lois et règlements dans des conditions strictes, doit être distinguée de la possibilité reconnue par l'article 37-1, introduit dans la Constitution en 2003 également, au législateur et au pouvoir réglementaire d'adopter des mesures à caractère expérimental.

Sur le fondement de cet article, a été autorisée l'expérimentation en matière de gestion des fonds structurels européens, de lutte contre l'habitat insalubre, d'organisation des écoles primaires, d'entretien du patrimoine, etc. Sur le fondement de l'article 72 al. 4, la loi du 21 août 2007 a permis l'**expérimentation du revenu de solidarité active (RSA)** aujourd'hui généralisé.

LES MOYENS (HUMAINS, MATÉRIELS, FINANCIERS)

Qu'est-ce que la fonction publique territoriale ?

La décentralisation a conduit à la création d'une fonction publique territoriale. Il s'agissait de donner aux collectivités territoriales les **moyens en personnels pour assurer leurs nouvelles compétences**. Le Conseil constitutionnel a d'ailleurs veillé à ce que la loi créant cette fonction publique territoriale respecte bien la libre administration (déc. no 83-168 DC du 20 janvier 1984).

▶ Dans **une première loi, celle du 13 juillet 1983** portant droits et obligations des fonctionnaires, le législateur qui a préféré créer trois fonctions publiques (d'État, territoriale et hospitalière) pose une série de principes communs. **Une autre loi, celle du 26 janvier 1984, fixe les dispositions statutaires** s'appliquant aux agents territoriaux, c'est-à-dire ceux des communes, des départements, des régions, des offices publics d'HLM et des établissements de coopération intercommunale. Contrairement à la fonction publique d'État, la «territoriale» connaît une multiplicité et une diversité d'employeurs (1,91 million d'agents – y compris les emplois aidés – relevant de plus de 48 000 employeurs au 1er janvier 2013).

La loi de 1984 créait le système de carrière et posait le principe du concours pour recruter les agents titulaires, mais rendait possible le recrutement d'agents non titulaires, contractuels de droit public. La **loi du 13 juillet 1987** a renforcé le **pouvoir des élus en matière de recrutement et de gestion de carrière** des fonctionnaires.

▶ La fonction publique territoriale doit actuellement faire face à trois défis majeurs :
– défi de l'évolution prochaine de ses effectifs, dans la mesure où il est souvent reproché aux collectivités territoriales d'avoir recruté des agents de manière excessive ;
– défi d'attractivité et d'adaptation aux évolutions des missions des collectivités territoriales, de plus en plus importantes et diversifiées ;
– défi d'adaptation aux normes du droit de l'Union européenne, notamment en ce qui concerne l'ouverture des emplois publics locaux aux ressortissants de l'UE et la gestion des fonds européens.

Combien de fonctionnaires territoriaux ?

Au 1er janvier 2013, la FPT regroupait **1,91 million d'actifs**, soit près d'un tiers des effectifs des trois versants de la fonction publique, en incluant environ 50 400 contrats aidés.

Les agents de catégorie A (fonctions de direction et de conception) représentaient 8,8 % des effectifs, ceux de catégorie B (fonctions d'application) 12,9 % et ceux de catégorie C (fonctions d'exécution) 75,7 % (2,6 % de non déterminés).

Par ailleurs, le taux de féminisation est élevé (60,5 %).

Les **trois quarts** des agents de la FTP sont employés **dans les organismes communaux et intercommunaux** : 1 413 692 agents, dont 1 155 846 dans les communes, et 257 846 dans les structures intercommunales. Les organismes départementaux (départements + établissements publics départementaux) emploient, quant à eux, 360 351 agents, et les régions 81 682. Par ailleurs, 6 689 agents sont employés dans d'autres types de structures : offices publics d'habitation à loyer modéré, caisses de crédit municipal, régies, établissements publics administratifs locaux.

Le champ d'action du fonctionnaire territorial est extrêmement large et diversifié à la mesure des services offerts à la population dans de très nombreux domaines. Cela se traduit par l'existence de près de 240 métiers différents (Répertoire des métiers du CNFPT), répartis en :

– **54 cadres d'emplois** (ensemble de fonctionnaires soumis au même statut particulier, titulaire d'un grade leur donnant vocation à occuper un ensemble d'emplois) ;

– et **8 filières** (administrative ; technique ; culturelle ; sportive ; animation ; sociale, médico-sociale et médico-technique ; sécurité ; incendie et secours).

LES INSTITUTIONS DE LA FONCTION PUBLIQUE TERRITORIALE

Le Conseil supérieur de la fonction publique territoriale (CSFPT)

Organisme paritaire composé de 40 membres (20 représentants des collectivités territoriales et 20 des organisations syndicales de fonctionnaires territoriaux), il est **l'instance représentative de la FPT, à caractère consultatif** (loi du 19 février 2007 modifiant celle du 26 janvier 1984).

Le CSFPT est obligatoirement consulté :
– sur tout projet de loi ou d'ordonnance relatifs à la FPT ;
– sur tout projet de décret intéressant les fonctionnaires et agents.
Il examine toute question relative à la FPT dont il est saisi et peut formuler des propositions ou procéder à des études sur la gestion du personnel des administrations territoriales.

Le Centre national de la fonction publique territoriale (CNFPT)

C'est un établissement public administratif, paritaire et déconcentré, doté de la personnalité morale et d'organes de représentation propres, ainsi que de l'autonomie financière. Sa mission principale est l'**organisation de la formation des agents territoriaux**. Il est également chargé d'autres missions, comme :

– la mise en œuvre des procédures de reconnaissance de l'expérience professionnelle ; la validation des acquis de l'expérience (VAE) ; les bilans de compétences ;

– pour les cadres d'emplois supérieurs de la catégorie A (catégorie dite A+) : organisation des concours et examens professionnels ; prise en charge des fonctionnaires momentanément privés d'emplois ; reclassement de ceux devenus inaptes à l'exercice de leurs fonctions.

Les centres de gestion (CDG)

Établissements publics à caractère administratif et gérés par des élus des collectivités, ces centres sont départementaux, à l'exception de la région parisienne où deux centres interdépartementaux gèrent, l'un la Petite Couronne (Hauts-de-Seine, Seine-Saint-Denis, Val-de-Marne et leurs établissements publics), l'autre la Grande Couronne (Val-d'Oise, Essonne, Yvelines, et leurs établissements publics).

Les CDG se voient confier des missions en matière de **recrutement** et de **gestion du personnel territorial**. Leur rôle est de favoriser une application uniforme et équitable du statut de la FPT. Ils regroupent obligatoirement les collectivités et leurs établissements employant moins de 350 agents et, de façon facultative, toute autre collectivité qui le souhaite.

Les organes de participation au sein des collectivités

→ Les **commissions administratives paritaires** (CAP), instances consultatives, ont pour rôle de donner leur avis ou d'émettre des propositions sur des **questions d'ordre individuel** liées à la situation et à la carrière des fonctionnaires (titularisation, avancement, changement d'affectation…).

→ Les **comités techniques** (CT), instances consultatives, sont compétentes pour donner un avis avant la prise de décisions concernant des **questions d'ordre collectif**, intéressant l'ensemble du personnel, fonctionnaires ou non (organisation des services, temps de travail, orientations relatives aux effectifs…) Un CT est obligatoirement constitué dans chaque collectivité territoriale ou établissement public employant au moins cinquante agents et, sous certaines conditions, dans les centres de gestion et dans les services dont la nature ou l'importance le justifie.

→ Les **comités d'hygiène, de sécurité et des conditions de travail** (CHSCT) ont pour mission de contribuer à la protection physique et mentale et de la sécurité des agents, ainsi qu'à l'amélioration des conditions de travail; de veiller au respect de la loi dans ces domaines. Ils agissent par le moyen de visites, d'enquêtes, de demandes d'expertise...

Quel est le régime juridique applicable aux biens des collectivités territoriales ?

Les collectivités territoriales disposent :
– d'un domaine public inaliénable, insaisissable et imprescriptible;
– d'un domaine privé soumis au droit privé et insaisissable.

▶ Le **domaine public comprend les biens affectés à l'usage direct du public, ou à un service public**, sous réserve qu'ils fassent l'objet d'un aménagement indispensable à l'exécution des missions de ce service public (art. L2111-1 du code général de la propriété des personnes publiques, CGPPP). Il comprend :
– la voirie communale ou départementale, les églises et les cimetières;
– les locaux ouverts au public ou aux usagers des services publics : mairies, stades, collèges, lycées, etc.

Le transfert d'un bien du domaine public au domaine privé par décision de l'assemblée délibérante contourne l'inaliénabilité (impossibilité de vendre des biens du domaine public). **Imprescriptible**, le bien ne perd pas sa qualité publique du fait d'un non-usage par l'administration ou de son utilisation par un tiers.

Le domaine public local est protégé par des contraventions de voirie. Son utilisation privative (terrasses de café, cimetières) est soumise à un régime d'autorisation précaire donnant lieu à perception de droits, source de revenus pour les collectivités.

▶ Le **domaine privé** (forêts, biens immobiliers, etc.) a une importance économique pour la collectivité.

Le passage du domaine privé au domaine public se fait par l'affectation du bien à un usage public ou à une mission de service public moyennant un aménagement spécial. Des baux emphytéotiques peuvent être signés si la personne privée accomplit, pour le compte de la collectivité, une mission de service public, ou en vue de la réalisation d'une opération d'intérêt général (art. L1311-2 CGCT).

Enfin, malgré le principe de libre administration, l'État peut changer l'affectation des dépendances domaniales appartenant aux collectivités territoriales sans qu'il y ait transfert de propriété, au nom de l'intérêt général « national » (art. L2123-4 CGPPP).

Quels sont les moyens financiers des collectivités territoriales ?

Les moyens financiers des collectivités territoriales sont un élément de leur libre administration (art. 72-2 CGCT). Ils se décomposent en **ressources définitives** et **ressources temporaires**.

Ces dernières, qu'il faut rembourser, sont les **emprunts** qu'elles ont contractés.

Les **ressources définitives** sont évidemment plus nombreuses et plus importantes. Il s'agit, notamment :
– des recettes fiscales ;
– des transferts financiers de l'État (sous forme de dotations, de compensations fiscales ou encore de fiscalité transférée) ;
– des recettes tarifaires et patrimoniales ;
– des fonds structurels européens.

Eu égard au principe de la libre administration, la notion clé est celle de **ressources propres** des collectivités territoriales. S'il ne peut s'agir, à l'évidence, que de recettes définitives, le législateur organique (LO du 29 juillet 2004 relative à l'autonomie financière des collectivités territoriales) a retenu une définition large allant bien au-delà du seul produit des impôts locaux. Il a introduit dans cette catégorie de ressources propres des recettes sur lesquelles les collectivités n'ont aucun pouvoir de décision comme, par exemple, les dotations sous forme de parts locales d'assiettes d'impôts étatiques.

En 2012, l'ensemble des ressources financières locales se sont élevées à **227,01 milliards d'euros**, dont 17,87 empruntés.

Ainsi les ressources définitives représentaient 92,8 % du financement local. La part des ressources propres est déterminée par ce qu'on appelle le **ratio d'autonomie**, qui ne peut, constitutionnellement, tomber en-dessous du niveau constaté en 2003 par niveau de collectivités. Comme le ratio d'autonomie n'est pas seulement, dès lors, un indicateur économique, mais aussi un paramètre juridique, il n'y a aucun sens à en calculer une valeur moyenne pour l'ensemble du secteur local. Il faut donc relever les valeurs par échelon territorial. En 2011, les ressources propres représentaient 64,9 % des finances des communes et de leurs EPCI, 67,4 % de celles des départements et 54,3 %, enfin, de celles des régions.

(Pour une présentation détaillée des finances des collectivités territoriales, voir chapitre 6.)

CHAPITRE 5

LA COOPÉRATION LOCALE ET L'INTERCOMMUNALITÉ

Qu'est-ce que la coopération intercommunale ?

▶ L'intercommunalité désigne une **forme de coopération entre les communes**. Celles-ci peuvent se regrouper afin de gérer en commun des équipements ou des services publics (ramassage des ordures ménagères, assainissement, transports urbains…), élaborer des projets de développement économique, d'aménagement ou d'urbanisme à l'échelle d'un territoire plus vaste que celui de la commune. Initialement conçue comme une gestion collective de services de base, la coopération intercommunale est devenue une **coopération de projet**.

Cette coopération est mise en œuvre au travers **d'établissements publics de coopération intercommunale (EPCI)**. Depuis l'adoption de la réforme territoriale de 2010 et de la loi du 27 janvier 2014 de modernisation de l'action publique territoriale et d'affirmation des métropoles, sont des EPCI (art. L5210-1-1 CGCT) :

– les **syndicats de communes** (créés par la loi du 22 mars 1890) ;

– les **communautés de communes** (créées par la loi du 6 février 1992) ;

– les **communautés urbaines** (créées par la loi du 31 décembre 1966) ;

– les **communautés d'agglomération** (créées par la loi du 12 juillet 1999) ;

– les **syndicats d'agglomération nouvelle** (créés par la loi du 13 juillet 1983) ;

– les **métropoles** (créées par la loi du 16 décembre 2010 et modifiées par la loi du 27 janvier 2014).

Les EPCI, tout en étant des groupements de collectivités territoriales, restent des établissements publics. Ils sont donc régis, en tant que tels, par un principe général de spécialité qui ne leur donne **compétence que pour les domaines et les matières que la loi leur attribue ou pour ceux qui leur sont délégués** par les communes membres. Les EPCI ne disposent pas de la clause de compétence générale *(voir chapitre 4)*.

Afin de faciliter la mise en œuvre de la coopération intercommunale, la loi du 12 juillet 1999, reprise dans les articles L5211-42 s. CGCT, a prescrit l'instauration dans chaque département d'une **commission départementale de la coopération intercommunale**. À la suite de la loi de 2010, cette commission est composée à 40 % de représentants des communes du département ; à 40 % de représentants des EPCI ; à 5 % de représentants des syndicats mixtes et des syndicats de communes ; à 10 % de représentants du conseil départemental ; à 5 % de représentants du conseil régional dans la circonscription départementale. Elle a pour mission d'établir et de **tenir à jour l'état de la coopération intercommunale** dans le département, ainsi que de **formuler des propositions pour la renforcer**.

La réforme territoriale du 16 décembre 2010 fixe l'objectif de simplifier et d'achever la carte de l'intercommunalité, en raison de l'émiettement communal et de la taille souvent modeste des communes françaises, et en raison de l'échec des différentes lois tendant à la fusion de communes. Elle rend obligatoire l'appartenance à un EPCI à compter du 1er juillet 2013.

La loi du 27 janvier 2014 a modifié le paysage de l'intercommunalité, notamment s'agissant des métropoles.

Quelles sont les modalités de la coopération intercommunale ?

Le regroupement de communes au sein d'EPCI peut répondre à deux objectifs très différents :
– la gestion commune de certains services publics locaux ou la réalisation d'équipements locaux, de manière à mieux répartir les coûts et à profiter d'économies d'échelle. Dans ce cas, les communes recherchent une forme de **coopération intercommunale relativement souple ou «associative»** ;
– la conduite collective de projets de développement local. En faisant ce choix, les communes optent pour une forme de **coopération plus intégrée ou «fédérative»**.

La première forme de coopération correspond à une intercommunalité de gestion, tandis que la seconde est une intercommunalité de projet.

Le financement de l'intercommunalité ne sera pas le même suivant que le regroupement intercommunal est de type associatif ou fédératif. L'intercommunalité associative est dite **sans fiscalité propre**, c'est-à-dire qu'elle dépend des contributions des communes membres dont la quote-part est en principe fixée par les statuts de l'établissement. L'intercommunalité fédérative connaît un régime de **fiscalité propre**, ce qui permet aux communautés de disposer de recettes fiscales directes.

Quels sont les syndicats de coopération intercommunale ?

▶ Le **syndicat de communes** est créé pour une durée déterminée, ou sans limitation de durée, ou pour une opération déterminée. Les œuvres ou services du syndicat doivent présenter un intérêt pour toutes les communes qui le constituent. Ils se rencontrent souvent dans les domaines de la production et distribution d'eau, de l'électrification, de la gestion scolaire, du ramassage scolaire, de l'assainissement ou de la gestion des ordures ménagères.

Un syndicat intercommunal ou de communes peut être :

– à vocation unique (**SIVU**), donc limité à une œuvre ou un service d'intérêt intercommunal ;

– à vocation multiple (**SIVOM**), et comprenant plusieurs vocations ;

– à la carte, si une commune peut adhérer pour une partie seulement des compétences du syndicat.

Dans tous les cas, ces syndicats sont sans fiscalité propre.

▶ Les **syndicats d'agglomération nouvelle** (SAN) sont des organismes de coopération intercommunale à fiscalité propre qui regroupent les communes comprises dans le périmètre des villes nouvelles, dont les premières furent créées dans les années 1970. Les SAN exercent les compétences déterminées par la loi aux lieu et place des communes. Ces compétences sont définies par les articles L5333-1 s. CGCT.

Le statut d'agglomération nouvelle a un caractère temporaire. Lorsque les opérations de construction et d'aménagement sont terminées, un décret en Conseil d'État détermine la date d'achèvement. La structure de gestion (le SAN) se transforme alors en communauté d'agglomération régie par les articles L5216-1 s. Au 1er janvier 2014, il ne restait plus que quatre SAN : Ouest Provence, Sénart-en-Essonne, Sénart-Ville Nouvelle, Val d'Europe. Les autres ont été transformés en communautés d'agglomération.

Il existait auparavant une autre catégorie de structures : les communautés d'agglomération nouvelle (CAN), qui a été supprimée par la loi du 16 décembre 2010.

Que sont les communautés de communes et les communautés d'agglomération ?

Ces deux types de communautés sont des **EPCI à fiscalité propre** et répondent à deux catégories de regroupement de communes.

La communauté de communes, créée par la loi du 6 février 1992, regroupe plusieurs communes sur un territoire d'un seul tenant et sans enclave. Cette double condition n'est pas exigée pour les communautés de communes nées avant la loi du 12 juillet 1999 relative au renforcement et à la simplification de la coopération intercommunale, ou issues de la transformation d'un district ou d'une communauté de villes en application de cette même loi (art. L.5214-1 CGCT, dernier al.).

Elle associe des communes au sein d'un espace de solidarité en vue d'élaborer un **projet commun de développement et d'aménagement de l'espace**. Elle exerce, aux lieu et place des communes membres, des compétences obligatoires et des compétences optionnelles, ainsi que des compétences supplémentaires que les communes lui transfèrent.

▶ **La communauté d'agglomération** (art. L5216-1 s. CGCT), créée par la loi du 12 juillet 1999, est un EPCI qui remplace la communauté de ville et qui regroupe plusieurs communes sur un territoire d'un seul tenant et sans enclave. Visant les zones urbaines, la communauté d'agglomération doit former, lors de sa création, un **ensemble de plus de 50 000 habitants**, autour d'**une ou plusieurs communes centres de 15 000 habitants**. Ce seuil n'est toutefois pas exigé lorsque la communauté d'agglomération comprend le chef-lieu du département ou la commune la plus importante du département.

Elle dispose de **compétences obligatoires** (aménagement de l'espace, développement économique, équilibre social de l'habitat, politique de la ville) et de **compétences option-nelles** (trois à choisir parmi : voirie, assainissement, eau, cadre de vie, équipements culturels et sportifs, action sociale) qu'elle est libre de déterminer. Elle peut en outre exercer des compétences que les communes lui transfèrent. Le conseil de communauté peut aussi définir des compétences qui sont «d'intérêt communautaire», afin d'élargir le champ d'intervention de la communauté.

Qu'est-ce qu'une communauté urbaine ?

La communauté urbaine (art. L5215-1 CGCT) est un **EPCI à fiscalité propre** regroupant plusieurs communes d'un seul tenant et sans enclave qui forment, à la date de sa création, un **ensemble de plus de 250 000 habitants**.

▶ Les premières communautés urbaines (Bordeaux, Lille, Lyon et Strasbourg) ont été créées par la loi du 31 décembre 1966. Se sont ensuite ajoutées Brest, Cherbourg, Dunkerque, Le Creusot-Montceau-les-Mines, Le Mans, Alençon, Arras, Nancy, Nantes, Nice, Marseille, Toulouse. Après Nice qui est devenue le 1er janvier 2012, la première métropole au sens de la loi de 2010, plusieurs de ces communautés sont en voie de changement de statut.

Jusqu'à la création des métropoles, les communautés urbaines constituaient les **EPCI à fiscalité propre les plus intégrés**. Elles sont créées sans limitation de durée ni possibilité de retrait pour leurs communes membres. La loi du 12 juillet 1999 a ajouté l'obligation d'un territoire d'un seul tenant et sans enclave, et a instauré une fiscalité unique.

▶ La communauté urbaine exerce les **compétences qui lui sont transférées aux lieu et place des communes membres**. Certaines des compétences sont obligatoires (aménagement et développement économique, social et culturel de l'espace communautaire ; équilibre social de l'habitat ; politique de la ville ; protection et mise en valeur de l'environnement ; politique du cadre de vie ; gestion des services d'intérêt collectif), d'autres sont transférées sur décision des conseils municipaux.

Que sont les métropoles créées par la loi de 2010 ?

▶ Une métropole est un EPCI à fiscalité propre qui regroupe « plusieurs communes d'un seul tenant et sans enclave et qui s'associent au sein d'un espace de solidarité pour **élaborer et conduire ensemble un projet d'aménagement et de développement économique, écologique, éducatif, culturel et social** de leur territoire afin d'en améliorer la compétitivité et la cohésion » (art. L5217-1 CGCT). C'est la loi du 16 décembre 2010 qui a créé ce nouveau modèle d'EPCI.

Sans limitation de durée et constituée sur la base du volontariat, la métropole créée par la loi de 2010 a vocation à s'appliquer sur un grand périmètre, sauf en Île-de-France : peuvent devenir des métropoles les EPCI qui forment un **ensemble de 500 000 habitants** à la date de création, ainsi que les communautés urbaines créées par la loi de 1966.

À sa création, la métropole **se substitue de plein droit aux EPCI intégralement inclus dans son périmètre**. Il en est de même pour les EPCI partiellement situés sur son périmètre, les communes situées en dehors du périmètre de la métropole étant retirées de plein droit de ces EPCI.

▶ La métropole exerce de plein droit, dans le périmètre métropolitain, un certain nombre de compétences, en lieu et place des communes (développement économique ; politique locale de l'habitat ; gestion des services d'intérêt collectif comme l'eau et l'assainissement, les cimetières, les abattoirs…), et également du département (transports scolaires, voirie…) et de la région.

Par ailleurs, par convention avec le département ou la région, elle peut recevoir des compétences en matière d'aide sociale, ou concernant les collèges et les lycées, ou de développement économique. L'État peut aussi lui attribuer la propriété et la gestion des grands équipements et infrastructures.

Sur le plan financier, les métropoles reposent sur le principe de l'unification de l'impôt foncier bâti et elles perçoivent une dotation globale de fonctionnement qui sera globalisée, sous réserve que toutes les communes membres soient d'accord.

La **métropole Nice-Côte d'Azur**, la première à avoir été créée (décret du 17 octobre 2011), résulte de la fusion de la communauté urbaine Nice-Côte d'Azur et de trois communautés de communes (Vésubie, Tinée, Mercantour), et regroupe 46 communes.

Comment la loi de 2014 a-t-elle réformé les métropoles?

▶ La loi du 27 janvier 2014 de modernisation de l'action publique territoriale et d'affirmation des métropoles décide :
– d'une part, la création des métropoles de Paris *(voir encadré p. 19)* et d'Aix-Marseille, chacune ayant une organisation *sui generis*,
– d'autre part, le développement des métropoles, complétant leur statut tel que prévu initialement dans la loi de 2010 par plus d'intégration au sein de ces EPCI. Il s'agit de prendre en compte le développement urbain.

Ainsi, neuf métropoles que l'on pourrait qualifier «de droit commun du type loi 2014» sont créées (Bordeaux, Grenoble, Lille, Nantes, Nice, Rennes, Rouen, Strasbourg et Toulouse). En effet, la loi prévoit qu'au 1er janvier 2015, sont transformés par décret en une métropole les EPCI à fiscalité propre qui forment un ensemble de plus de 400 000 habitants dans une aire urbaine de plus de 650 000 habitants.

D'autres métropoles pourront par la suite être créées si leurs élus le souhaitent : les EPCI à fiscalité propre qui forment un ensemble de plus de 400 000 habitants et dans le périmètre desquels se trouve le chef-lieu de région ; ou les EPCI centres d'une zone d'emplois de plus de 400 000 habitants et qui exercent en lieu et place des communes certaines compétences. Il s'agit notamment de Brest et de Montpellier.

▶ Ces métropoles de droit commun exerceront des **compétences renforcées, de plein droit**, en lieu et place des communes membres, dans plusieurs domaines : développement et d'aménagement économique, social et culturel ; aménagement de l'espace métropolitain ; politique locale de l'habitat ; politique de la ville ; gestion des services d'intérêt collectif ; protection et mise en valeur de l'environnement et de politique du cadre de vie.

Les métropoles qui le demanderont pourront aussi exercer **par délégation de l'État** des compétences en matière d'habitat (exercice de la responsabilité de la garantie du droit au logement opposable; gestion de l'hébergement d'urgence).

De même, elles pourront exercer, **par convention**, des **compétences relevant du département** (comme la gestion du fonds de solidarité pour le logement) **ou de la région**.

En outre, les métropoles assurent la fonction d'autorité organisatrice des compétences qu'elles exercent sur leur territoire.

▶ Les métropoles s'organisent autour de plusieurs instances :
– le **conseil de la métropole** qui élit en son sein un président;
– la **conférence métropolitaine**, instance de coordination entre la métropole et les communes membres qui réunit les maires de ces communes et qui est présidée par le président du conseil de la métropole;
– le **conseil de développement** qui réunit tous les représentants des milieux économiques, sociaux, culturels, éducatifs, scientifiques ou associatifs de la métropole.

▶ La loi du 27 janvier 2014 attribue la dénomination d'«eurométropole» à la métropole de Strasbourg, siège d'institutions européennes, et celle de «métropole européenne» à la métropole de Lille.

Elle crée également, sous le nom de «métropole de Lyon», une collectivité territoriale à statut particulier ayant les compétences de l'ancienne communauté urbaine de Lyon et du département situé sur cette aire urbaine *(voir p. 31)*. Malgré l'identité des termes, cette métropole, qui n'est pas un EPCI, bénéficie d'un statut très différent des autres métropoles.

Que sont les pôles métropolitains?

Le pôle métropolitain a été créé par la loi du 16 décembre 2010. C'est «un établissement public constitué par accord entre des établissements publics de coopération intercommunale à fiscalité propre» (art. L5731-1 CGCT).

▶ L'objectif est de promouvoir «un modèle de développement durable du pôle métropolitain et d'améliorer la compétitivité et l'attractivité de son territoire, ainsi que l'aménagement du territoire *infra*-départemental et *infra*-régional». Il est **compétent** «en vue d'actions d'intérêt métropolitain **en matière de développement économique, de promotion de l'innovation, de la recherche, de l'enseignement supérieur et de la culture, d'aménagement de l'espace (...) et de développement des infrastructures et des services de transports**».

Le pôle métropolitain introduit davantage de souplesse dans la coopération métropolitaine car il permet d'associer dans une nouvelle formule de coopération et sur des territoires très larges des établissements publics de coopération. Il se crée sur le mode du volontariat des EPCI, les assemblées délibérantes de chaque EPCI se prononçant par délibérations concordantes sur l'intérêt métropolitain des compétences transférées au pôle métropolitain.

▶ Le pôle métropolitain, qui peut déborder le cadre départemental, compte 300 000 habitants dont 100 000 issus d'un même EPCI à fiscalité propre. Le régime du pôle métropolitain est celui du syndicat mixte fermé. Toutefois, par dérogation à ce régime, au sein de l'assemblée délibérante la répartition des sièges entre les EPCI membres du pôle prend en compte la démographie de chaque EPCI, chacun devant disposer d'au moins un siège et aucun ne pouvant disposer de plus de la moitié des sièges.

L'un des premiers pôles métropolitains, celui du Sillon lorrain, a été installé en janvier 2012. Depuis cette date, plus d'une dizaine d'autres pôles métropolitains ont été créés ou sont en projet.

La loi du 27 janvier 2014 de modernisation de l'action publique territoriale et d'affirmation des métropoles ne remet pas en cause cette forme de coopération et en assouplit le régime : abaissement du seuil démographique de 150 000 à 100 000 habitants pour l'EPCI le plus peuplé, possibilité de les ouvrir aux régions et départements ; possibilité de délégation d'action, en plus du transfert de compétences.

Existe-t-il des formes de coopération locale autres que les EPCI ?

Les collectivités locales peuvent se regrouper, parfois avec d'autres personnes morales de droit public, et mettre des moyens en commun afin d'exercer ensemble une ou plusieurs activités d'intérêt général. Les syndicats mixtes en sont la forme la plus fréquente.

▶ Les **syndicats mixtes** (art. L5711-1 CGCT) sont dits «fermés» s'ils regroupent exclusivement des communes et des EPCI. Ceux de l'article L5721-1 sont dits «ouverts» : ils regroupent des collectivités territoriales de niveaux différents, à savoir des communes, départements et régions, leurs regroupements et d'autres personnes morales de droit public comme les chambres consulaires (chambres de commerce et d'industrie, d'agriculture ou des métiers). Ils doivent comprendre au moins une collectivité territoriale ou un groupement de collectivités.

Plus rarement, et de manière spécifique, les conseils départementaux créent des **ententes interdépartementales**, qui sont des établissements publics, pour gérer «des objets d'utilité départementale compris dans leurs attributions» (art. L5411-1).

Les conseils départementaux peuvent aussi «passer entre eux des **conventions**, à l'effet d'entreprendre ou de conserver à frais communs des ouvrages ou des institutions d'utilité commune» (art. L5411-1) ; ou débattre des «questions d'intérêt commun (…) dans des conférences où chaque conseil général est représenté» (art. L5411-2).

Ils peuvent aussi créer des **établissements publics interdépartementaux** (art. L5421-1).

Enfin, l'**agence départementale** créée par un département, des communes et des EPCI, a pour mission d'apporter à ces collectivités «une aide d'ordre technique, juridique ou financier» (art. L5511-1).

▶ Quant aux régions, elles ont la possibilité, «pour l'exercice de leurs compétences, [de] conclure entre elles des conventions ou de créer des institutions d'utilité commune» (art. L5611-1). Elles peuvent aussi constituer des **ententes interrégionales** (art. L5621-1), qui sont des établissements publics.

ÉVOLUTION DU NOMBRE DE GROUPEMENTS À FISCALITÉ PROPRE DEPUIS 2010

Au 1er janvier	2010	2011	2012	2013	2014
Métropole (loi 2010)			1	1	1
Communauté urbaine	16	16	15	15	15
Communauté d'agglomération	181	191	202	213	222
Communauté de communes	2 409	2 387	2 358	2 223	1 903
Syndicat d'agglomération nouvelle	5	5	5	4	4
Nombre d'EPCI à fiscalité propre	2 611	2 599	2 581	2 456	2 145
Nombre total de communes concernées	34 774	35 041	35 305	36 049	36 614
Population totale regroupée*	57,9	58,8	59,3	60,9	62,6
Dont à fiscalité professionnelle unique :					
– nombre de groupements	1 302	1 321	1 339	1 356	1 288
– nombre total de communes	17 732	18 217	18 798	20 594	22 698
– population regroupée*	46,4	47,6	48,5	50,5	53,1

* Population totale (en millions d'habitants), en vigueur au 1er janvier de chaque année, des communes composant les groupements.
Source : DGCL; Insee, recensements de la population, *in* DGCL, *Les collectivités locales en chiffres 2014*, www.collectivites-locales.gouv.fr

RÉPARTITION DES SYNDICATS PAR TYPE

Au 1er janvier	2010	2011	2012	2013	2014
SIVU*	10 789	10 473	10 184	9 720	8 971
SIVOM*	1 395	1 358	1 345	1 302	1 235
Syndicats mixtes	3 194	3 268	3 257	3 275	3 187
Pôle métropolitain			1	8	9
Total	**15 378**	**15 099**	**14 787**	**14 305**	

* SIVU : syndicat à vocation unique; SIVOM : syndicat à vocation multiple.
Source : DGCL, BANATIC, *in* DGCL, *Les collectivités locales en chiffres 2014*, www.collectivites-locales.gouv.fr

Quelles sont les conditions de création des EPCI ?

La coopération intercommunale « se fonde sur la libre volonté des communes d'élaborer des projets communs de développement au sein de périmètres de solidarité » (art. L5211-1 CGCT). L'article L5211-5 réunit les règles applicables aux EPCI. Depuis la loi de 2010 et pour rationaliser l'intercommunalité, un **schéma départemental de coopération intercommunale** doit être établi dans chaque département.

Les EPCI résultent tous d'une **décision de l'État** :
– une loi : par exemple, celle du 31 décembre 1966 créant les quatre premières communautés urbaines, ou celle du 27 janvier 2014 créant les métropoles du Grand Paris et d'Aix-Marseille ;
– un arrêté préfectoral fixant le périmètre de l'EPCI (cohérent, d'un seul tenant et sans enclave pour l'EPCI à fiscalité propre) et ses statuts (nom et siège, communes membres, représentation de celles-ci au sein de l'organe délibérant, compétences transférées…).

Dans les trois mois qui suivent l'arrêté préfectoral, **l'accord des communes s'obtient à la majorité qualifiée** :
– des deux tiers des conseils municipaux, représentant plus de la moitié de la population ;
– ou de la moitié des conseils municipaux, représentant les deux tiers de la population.

S'ajoute l'accord obligatoire des communes comptant plus du quart de la population totale, pour les syndicats et les communautés de communes, ou de la commune la plus importante, dans le cas d'une communauté d'agglomération ou d'une communauté urbaine.

Sous le contrôle du juge de l'excès de pouvoir, le **préfet** peut :
– ne pas donner suite à la demande de création ;
– la modifier, par exemple en incluant une commune, contre son gré, au nom de l'intérêt général, dans le périmètre du futur EPCI ;
– refuser de créer l'EPCI.

Mais il ne peut pas créer l'EPCI sur un périmètre différent de celui qui a été soumis au vote des conseils municipaux.

Les **syndicats intercommunaux sont créés selon une procédure simplifiée** en cas de délibérations concordantes de tous les conseils municipaux : leur création peut immédiatement être autorisée par arrêté du préfet, sans arrêté de périmètre.

Comment la démocratisation des EPCI à fiscalité propre s'opère-t-elle ?

L'établissement public de coopération intercommunale (EPCI) à fiscalité propre est administré par un organe délibérant composé de délégués des communes membres.

▶ **Les conseillers communautaires sont désormais élus** en même temps que les conseillers municipaux, au lieu d'être désignés par les conseils municipaux, comme cela était le cas auparavant. C'est la loi électorale du 17 mai 2013 qui a mis en œuvre ce principe de démocratisation des assemblées communautaires arrêté par la réforme territoriale de 2010. Elle est entrée en application lors des élections municipales de mars 2014.

Dans les communes de 1 000 habitants et plus, les candidats « fléchés » (pré-désignés sur les bulletins de vote) sont alors présentés sur une liste différente de celles des candidats aux fonctions de conseillers municipaux. Cette liste doit néanmoins respecter les conditions suivantes : les candidats doivent figurer dans le même ordre que celui de la liste de candidats aux élections municipales ; les candidats présentés dans le premier quart de la liste intercommunale doivent figurer, de la même manière et dans le même ordre, en tête de la liste municipale ; tous les candidats de la liste intercommunale doivent figurer au sein des trois premiers cinquièmes de la liste municipale.

Signe d'évolution, ces dispositions sont insérées dans le code électoral, dans un titre V du livre 1er, et non plus dans le code général des collectivités territoriales : ce n'est donc plus une question d'organisation des collectivités (en l'occurrence, les communes), mais une question qui intéresse le suffrage universel.

Le législateur a tenu à insérer dans la loi le principe selon lequel « nul ne peut être conseiller communautaire s'il n'est conseiller municipal ou d'arrondissement ». Cette règle, qui insiste sur le lien entre élections municipales et élections communautaires, **ne s'applique qu'aux EPCI à fiscalité propre**.

▶ La loi distingue cependant les communes de moins de 1 000 habitants et les autres communes, reprenant ainsi le nouveau seuil adopté par cette même loi pour l'application de la représentation proportionnelle dans le scrutin municipal.

Pour les **communes de 1 000 habitants et plus**, le scrutin est de listes bloquées, à la représentation proportionnelle à la plus forte moyenne. Il a lieu en même temps que le scrutin municipal et la liste des candidats à l'assemblée communautaire doit « figurer de manière distincte sur le même bulletin que la liste des candidats au conseil municipal dont elle est issue » (art. L273-9-I du code électoral). De plus, ces listes doivent être strictement paritaires. Tous les candidats présentés dans le premier quart de la liste de candidats communautaires doivent figurer « de la même manière et dans le même ordre, en tête de la liste des candidats au conseil municipal » et tous les candidats communautaires doivent figurer au sein des trois premiers cinquièmes de la liste des candidats municipaux.

Quant aux **communes de moins de 1 000 habitants**, les candidats communautaires sont les membres du conseil municipal désignés dans l'ordre du tableau. L'objectif recherché est de permettre que le maire et éventuellement le premier adjoint siègent au sein de l'assemblée communautaire.

Quels sont les mécanismes de fonctionnement des EPCI ?

▶ **L'organe délibérant, comité syndical ou conseil communautaire**, fonctionne pour l'essentiel comme le conseil municipal (art. L5211-1 CGCT) : il règle, par ses délibérations, les affaires qui sont de la compétence de l'EPCI en application du **principe de spécialité**. Notamment, il vote le budget ou les délégations de gestion d'un service public. Il se réunit au moins une fois par trimestre, sur convocation du président. Ses délibérations sont publiques, sauf demande de huis clos.

L'organe délibérant est composé de conseillers communautaires désignés de manière différente selon la taille des communes (voir *supra*). Avant la loi de 2013, les délégués des communes étaient élus par les conseils municipaux parmi leurs membres (art. L5211-6 et 7). Cette règle correspondait au souhait des élus locaux de réserver la désignation de délégués amenés à voter l'impôt à des élus issus directement du suffrage universel, sauf pour les syndicats de communes. Cette désignation indirecte permettait de distinguer les établissements publics de coopération intercommunale (EPCI) des collectivités territoriales. La réforme de l'intercommunalité de 2010, prévoyant l'élection au suffrage universel direct des délégués communautaires des EPCI à fiscalité propre, complétée par la loi du 17 mai 2013, rapproche encore un peu plus, depuis les scrutins municipaux et intercommunaux de 2014, ces deux catégories de collectivités publiques.

▶ Le **président, organe exécutif**, prépare et exécute les délibérations de l'organe délibérant, il est l'ordonnateur des dépenses. Il est le chef des services de l'EPCI et le représente en justice. Il est assisté de vice-présidents dont le nombre, compris entre 4 et 15, ne peut excéder 20 % de l'effectif communautaire, et auxquels il peut donner délégation pour l'exercice d'une partie de ses fonctions.

Il est **élu**, à la suite du renouvellement général des conseils municipaux, par l'organe délibérant et selon les règles applicables à l'élection du maire, **au scrutin secret majoritaire à trois tours** (art. L5211-2 et L2122-7).

Quels sont les nouveaux outils de la gouvernance territoriale ?

La loi du 27 janvier 2014 de modernisation de l'action publique territoriale et d'affirmation des métropoles crée de nouvelles structures qui ont vocation à **permettre la clarification des compétences** des collectivités territoriales, à **favoriser la coordination** des acteurs publics et à **institutionnaliser le dialogue** entre ceux-ci. Elles ont un rôle consultatif, d'avis et de proposition, d'expertise et de débat.

▶ Ainsi, dans chaque région est instituée une **conférence territoriale de l'action publique**, chargée de favoriser un exercice concerté des compétences des collectivités territoriales, de leurs groupements et de leurs établissements publics.

▶ Quant aux **pôles d'équilibre territoriaux et ruraux**, ils ont vocation à constituer un outil collaboratif mis à la disposition des territoires situés hors métropoles, ruraux ou non, et fédérant, en particulier, les EPCI à fiscalité propre existant sur un territoire d'un seul tenant correspondant à un bassin de vie ou de population.

Un Haut Conseil des territoires avait été un temps envisagé par le Gouvernement. Institué au niveau national, il aurait assuré la concertation et le dialogue entre l'État et les collectivités territoriales. Devant l'hostilité du Sénat, cette institution n'a finalement pas été créée.

Que sont les conférences territoriales de l'action publique ?

▶ Dans chaque région est instituée une conférence territoriale de l'action publique (CTAP).

Selon l'article L1119-9-1 CGCT, cette conférence peut débattre et rendre des avis sur tous les sujets relatifs à l'exercice de compétences et à la conduite de politiques publiques nécessitant une coordination ou une délégation de compétences entre les collectivités territoriales et leurs groupements.

Elle peut être saisie de la coordination des relations transfrontalières avec les collectivités territoriales étrangères situées dans le voisinage de la région.

Après de longues discussions, le législateur a préféré en confier la **présidence** au **président du conseil régional** plutôt qu'au préfet.

La conférence territoriale comprend :
– le président du conseil régional ;
– les présidents des conseils départementaux ;
– les présidents des EPCI de plus de 30 000 habitants ;
– un représentant des EPCI de moins de 30 000 habitants ayant leur siège dans chaque département ;
– un représentant pour chaque catégorie de communes (plus de 30 000 habitants, entre 3 500 et 30 000 habitants, moins de 3 500 habitants) dans chaque département.

Quant au **préfet de région**, il est informé des séances de la conférence territoriale. Il y participe de droit lorsque la conférence donne son avis sur une demande d'une collectivité territoriale ou d'un établissement public de coopération intercommunale à fiscalité propre tendant à obtenir la délégation de l'exercice d'une compétence de l'État. Il participe aux autres séances à sa demande.

▶ En outre, des **conventions territoriales d'exercice concerté d'une compétence** sont élaborées par les collectivités. Elles fixent les objectifs de rationalisation et les modalités de l'action commune des collectivités locales pour les compétences pour lesquelles elles sont chef de file. Concernant les compétences partagées, chaque niveau de collectivités territoriales peut émettre des propositions de rationalisation qui sont discutées au sein de la conférence territoriale de l'action publique. Le but recherché est notamment d'éviter les financements croisés.

Que sont les pôles d'équilibre territoriaux et ruraux ?

Ces pôles ont vocation à constituer un outil collaboratif mis à la disposition des territoires situés hors métropoles, ruraux ou non.

Selon l'article L5741-1 CGCT, ce sont des établissements publics constitués par accord entre plusieurs EPCI à fiscalité propre, au sein d'un périmètre d'un seul tenant et sans enclave correspondant à un bassin de vie ou de population. Un EPCI à fiscalité propre ne peut appartenir à plus d'un pôle d'équilibre territorial et rural.

Sauf mention spécifique, ils sont globalement soumis aux règles applicables aux syndicats mixtes.

▶ Les pôles d'équilibre territoriaux et ruraux comprennent un **conseil syndical** au sein duquel les EPCI à fiscalité propre qui le composent sont représentés en tenant compte du poids démographique des membres, chacun disposant au moins d'un siège et aucun ne pouvant disposer de plus de la moitié des sièges.

Ces pôles comprennent également un **conseil de développement**. Composé de représentants des activités économiques, sociales, culturelles, éducatives, scientifiques et associatives existant sur son territoire, il est consulté sur les principales orientations et sur toute question d'intérêt territorial.

Ce conseil est consulté sur les principales orientations du comité syndical du pôle et peut donner son avis ou être consulté sur toute question d'intérêt territorial.

De plus, une **conférence des maires** réunit les maires des communes situées dans le périmètre du pôle d'équilibre territorial et rural. Celle-ci est notamment consultée lors de l'élaboration, la modification et la révision du projet de territoire. Elle se réunit au moins une fois par an.

▶ Chaque pôle d'équilibre territorial et rural élabore un **projet de territoire** pour le compte et en partenariat avec les EPCI qui le composent. Il s'agit d'un projet d'aménagement et de développement économique, écologique, culturel et social de son territoire, afin de promouvoir un modèle de développement durable et d'en améliorer la compétitivité, l'attraction et la cohésion.

Pour la mise en œuvre du projet de territoire, le pôle d'équilibre territorial et rural peut conclure avec les EPCI à fiscalité propre qui le composent et les conseils départementaux et régionaux ayant été associés à son élaboration, une **convention territoriale**. Celle-ci fixe les missions déléguées au pôle d'équilibre par les EPCI et par les conseils départementaux et régionaux pour être exercées en leur nom.

▸ Est ouverte aux syndicats mixtes et aux «pays» (au sens de la loi du 4 février 1995) la possibilité de se transformer, sous conditions, en pôle d'équilibre. De même, est ouverte la possibilité, pour ces pôles d'équilibre et les EPCI qui les composent, de créer des services unifiés et de fusionner pour créer une communauté de communes ou une communauté d'agglomération.

Peut-on faire disparaître des communes ?

▸ La suppression de communes a été mise en œuvre sous le régime de Vichy. Puis la loi du 16 juillet 1971, dite «loi Marcellin», du nom du ministre de l'Intérieur de l'époque, a organisé des regroupements et fusions de communes, sur le mode du volontariat.

La loi du 16 décembre 2010 de réforme des collectivités locales **favorise la création de «communes nouvelles»**, procédure destinée à remplacer la fusion de communes (art. L2113-1 s. CGCT). Des communes nouvelles peuvent ainsi être créées à la place de communes contiguës, ou par transformation d'un établissement public de coopération intercommunale. Au 31 décembre 2013, on en comptait une douzaine. Une proposition de loi relative à l'amélioration du régime de la commune nouvelle, visant à assouplir les règles en vigueur pour faciliter la création de communes nouvelles, a été adoptée en première lecture par l'Assemblée nationale le 31 octobre 2014, puis par le Sénat le 15 décembre 2014.

▶ Les Français sont attachés à leurs communes ; et le tissu communal très dense de la France présente des avantages tant sur le plan de la démocratie locale et que pour le maintien de services publics de proximité. Mais la situation de la France est très particulière : elle compte à elle seule un tiers des communes de l'Union européenne à 28 membres. 90 % des communes françaises ont moins de 2 000 habitants et la population moyenne est de 1 750 habitants contre environ 4 100 en Europe.

Dans les années 1960, plusieurs pays européens ont été conduits à réduire le nombre de leurs communes, tous de façon autoritaire. La **Belgique** a réussi à diviser le nombre de ses communes par cinq en dix ans, l'**Allemagne** par trois. La **Grande-Bretagne** a procédé depuis longtemps à un regroupement de ses collectivités territoriales : les districts, équivalents des communes, sont au nombre de 545, avec une population moyenne de 104 000 habitants et une surface moyenne de 468 km². Seuls les pays latins, **Italie** et **Espagne**, n'ont pas procédé, à la même époque, à une réforme communale mais le nombre de leurs communes y est depuis longtemps beaucoup moins élevé qu'en France.

LES FINANCES DES COLLECTIVITÉS LOCALES*

LES ENJEUX FINANCIERS DE LA LIBRE ADMINISTRATION

Que désigne-t-on par « autonomie financière » des collectivités territoriales ?

L'article 72-2 de la Constitution précise le contenu de l'autonomie financière des collectivités :

– les collectivités « bénéficient de ressources dont elles peuvent disposer librement » ;

– elles « peuvent recevoir tout ou partie du produit des impositions de toutes natures » et la loi peut les autoriser, dans certaines limites, à en fixer l'assiette et le taux ;

– « les recettes fiscales et les autres ressources propres des collectivités territoriales représentent, pour chaque catégorie de collectivités, une part déterminante de l'ensemble de leurs ressources » ;

– enfin, tout nouveau transfert de compétences doit s'accompagner de l'attribution de ressources équivalentes à celles consacrées à l'exercice de la compétence transférée par l'État.

La loi organique de 2004 définit les ressources propres et établit ce que doit être au minimum la « part déterminante » qu'elles représentent. En pratique, la part des ressources propres ne peut être inférieure au niveau constaté en 2003.

---

* Source de la plupart des données de ce chapitre : *Les collectivités locales en chiffres 2014*, Direction générale des collectivités locales, www.collectivites-locales.gouv.fr

L'autonomie financière locale est une **composante juridique du principe constitutionnel de libre administration** des collectivités territoriales. Elle a été **constitutionnalisée**, lors de la réforme du 28 mars 2003, **par l'introduction dans la Constitution d'un article 72-2**, mais son respect était, dès auparavant, vérifié par le Conseil constitutionnel qui s'assurait que les règles posées par la loi « n'ont pour effet ni de restreindre la part [des] recettes ni de diminuer les ressources globales des collectivités concernées au point d'entraver leur libre administration » (C. Const., 28 déc. 2000, 2000-442 DC, LFI 2001).

QUELQUES REMARQUES SUR L'AUTONOMIE FINANCIÈRE LOCALE

Une définition juridique peu claire

S'il s'agit incontestablement d'un outil parfaitement opérationnel, **l'autonomie financière est difficile à définir juridiquement** car il n'y a pas de critère ni de seuil permettant d'établir quelles atteintes au pouvoir financier local ne respecteraient pas la libre administration.

Les décisions du Conseil constitutionnel antérieures à la réforme constitutionnelle de 2003, rendues notamment à l'occasion de la suppression de la part salaire de la taxe professionnelle (C. Const., 29 déc. 1998, 98-405 DC, *LFI 1999*) ou de la vignette automobile (C. Const., 28 déc. 2000, 2000-442 DC, *LFI 2001*) témoignent du caractère tautologique de la notion : l'autonomie financière locale est une composante de la libre administration des collectivités ; or, elle est assurée dès lors que la libre administration n'est pas remise en cause ! De fait, **le Conseil n'a jamais censuré une disposition législative pour le motif qu'elle limiterait les ressources fiscales locales au point d'entraver la libre administration des collectivités** : on comprend bien la nécessité d'une intervention parlementaire pour décider de la teneur et des seuils de cette autonomie.

La réforme constitutionnelle de 2003 et la loi organique subséquente du 29 juillet 2004 relative à l'autonomie financière des collectivités territoriales n'ont, *in fine*, pas apporté beaucoup plus de clarté. Il ressort notamment de l'article 72-2 nouveau de la Constitution que les ressources propres doivent représenter une part déterminante des ressources financières locales. Mais le renforcement de l'autonomie financière n'est, en réalité, qu'en trompe-l'œil.

D'abord, parce que **le législateur organique a retenu une définition très étendue des ressources propres**, y incluant notamment des recettes sur lesquelles les collectivités n'ont aucun pouvoir de décision (comme, par exemple, des dotations sous forme de parts locales d'assiettes d'impôts étatiques). Ensuite, parce qu'**il n'a pas su proposer de critère pertinent de la part déterminante**, laquelle « garantit la libre administration des collectivités territoriales relevant de cette catégorie, compte tenu des compétences qui leur sont confiées ». Autant, antérieurement, la tautologie était acceptable, car le Conseil constitutionnel n'est pas législateur, autant il est problématique que le législateur adopte des dispositions sans réelle portée normative ; aussi, le Conseil a-t-il censuré cette disposition (C. Const., 29 juillet 2004, 2004-500 DC). **Seul donc reste le niveau plancher**, constaté en 2003, année qui, par le hasard du calendrier des réformes constitutionnelles, se voit érigée en année référence pour l'autonomie financière locale !

Un pouvoir financier dont le contenu n'a pas été défini

Le critère est opérationnel mais intellectuellement vide. En effet, **on n'a toujours pas défini la consistance du pouvoir financier local** : l'autonomie implique-t-elle un pouvoir de décision, et donc des ressources fiscales sur lesquelles les collectivités ont un pouvoir de modulation, ou se limite-t-elle à un pouvoir de gestion, consistant à mettre en œuvre en autonomie des moyens financiers, sans égards pour leur nature et leur origine ?

Cette question n'a pas été abordée frontalement par le législateur, mais les orientations de la loi organique de 2004 semblent néanmoins claires, et l'acception extensive des ressources propres au sens de l'article 72-2 C a rendu possible la suppression de la taxe professionnelle en 2009, avec compensation relais pour 2010, sans tomber sous le seuil de l'année 2003, alors même que depuis lors les missions des collectivités territoriales se sont étendues sans que leur arsenal fiscal ne se soit étoffé. Il est donc possible de faire disparaître (certes temporairement pour partie) d'un coup presque 30 % de la fiscalité locale (hors taxes liées à l'urbanisme) sans que cela remette en cause l'autonomie financière locale constitutionnellement garantie !

Une fragilisation de l'autonomie financière locale

Aussi, malgré les apparences, **les dix dernières années marquent plutôt un recul de l'autonomie financière locale**. Alors que le pouvoir fiscal avait été le fer de lance de l'autonomie locale, dès 1980 avec le libre vote des taux pour les quatre grands impôts directs locaux – soit un peu avant la vague décentralisatrice de 1982, il semble bien désormais que **le législateur n'entend plus faire de la fiscalité le critère de l'autonomie financière**. C'est d'ailleurs en cohérence avec ces dynamiques que le Conseil constitutionnel a jugé que «*il ne résulte ni de l'article 72-2 de la Constitution ni d'aucune autre disposition constitutionnelle que les collectivités territoriales bénéficient d'une autonomie fiscale*» (C. Const., 29 déc. 2009, 2009-599 DC, *LFI 2010*). Dans ce sillage, **l'échelon régional a perdu depuis 2011 toute liberté du vote des taux**.

On mesure ainsi que, derrière les enjeux de techniques de finances publiques, il y a une réelle incidence politique sur les rapports entre l'État et les collectivités territoriales. Nonobstant les discours décentralisateurs, la fragilisation de l'autonomie financière atteste que les collectivités sont parfois davantage pensées par l'État comme des courroies de transmission, des relais, de ses propres réformes que comme des centres de pouvoir autonomes.

Quelles sont les ressources des collectivités territoriales ?

Les collectivités territoriales bénéficient de ressources de natures différentes que l'on peut classer en :
– **ressources définitives** (recettes fiscales, concours de l'État…) ;
– **et ressources temporaires**, qui doivent faire l'objet d'un remboursement par la collectivité bénéficiaire (emprunt).

▶ Cette distinction permet de mettre en évidence la **spécificité de l'emprunt**, puisque, si les collectivités y ont accès, il ne peut financer que des dépenses d'investissement.

En 2012, l'emprunt des collectivités territoriales et de leurs groupements à fiscalité propre a représenté 17,9 milliards d'euros (Mds €), soit environ 7,9 % de leurs recettes totales s'élevant à 227 Mds €. Après un pic en 2009, on observe à partir de 2010, une baisse tendancielle des crédits ouverts au titre de l'emprunt, dans le cadre de l'effort des collectivités territoriales pour assainir leurs finances. Les chiffres de 2012, s'ils sont confirmés par ceux des années ultérieures, marquent un retour à une dynamique haussière. Ceci étant, le stock de dette du secteur local n'a pas cessé d'augmenter ces dernières années et est passé de 120 Mds € fin 2009 à 132,5 Mds € fin 2012.

▶ **Les ressources définitives sont de loin quantitativement plus importantes**. Les impôts et taxes et les concours de l'État en constituent la majeure partie.

En 2012, la **fiscalité locale** aura permis la collecte de 121 Mds €, soit un peu plus que la moitié des ressources des collectivités territoriales. Ce qu'on appelle fiscalité locale est en réalité un agrégat hétérogène d'objets fiscaux se partageant entre fiscalité directe et fiscalité indirecte.

Il y a tout d'abord les **impôts votés** par les collectivités – parfois désignés comme étant les « quatre vieilles ». Cette expression est défraichie, mais toujours est-il que les quatre grands impôts directs locaux, qui forment le noyau dur de ce qu'on appelle les **impôts locaux**, consistent dans les trois taxes « ménages » (taxe d'habitation et les deux taxes foncières) auxquelles s'ajoute la contribution économique territoriale, héritière de la taxe professionnelle.

La fiscalité locale comporte en outre d'**autres impôts directs locaux moins importants**, ainsi que de nombreuses **taxes** formant le contingent de la **fiscalité locale indirecte** (par exemple, taxe d'enlèvement des ordures ménagères, droits de mutation à titre onéreux, taxe sur les surfaces commerciales...).

Les transferts financiers de l'État en faveur des collectivités territoriales, estimés à 101,2 Mds € en 2014, sont composés de trois parties : les dotations de l'État aux collectivités territoriales (59 Mds) ; les dégrèvements d'impôts locaux et les subventions spécifiques versées par les ministères ; et la fiscalité transférée pour laquelle le législateur détermine une part locale d'assiette.

Enfin, au titre des recettes définitives, il y a lieu de mentionner également les **produits du domaine** (loyers sur des biens du domaine privé, rémunération d'une convention d'occupation du domaine public…), les **revenus des services publics locaux** et, le cas échéant, les **fonds structurels européens**. Toutefois, il s'agit là de recettes quantitativement de faible importance.

Comment les ressources locales ont-elles évolué sur le long terme ?

Les masses budgétaires locales ont plus que doublé depuis le début des années 1990, les recettes totales des collectivités territoriales passant de 87,5 Mds € en 1990 à 215 Mds € en 2010 et 227 Mds € en 2012. Le produit des quatre grands impôts directs locaux est passé de 28 Mds € en 1990 à 73,2 Mds € en 2010. Après une année 2011 en recul, ce produit a retrouvé une perspective haussière en 2012 en remontant à 72,2 Mds €.

▶ Le phénomène marquant est l'**évolution de la structure des recettes locales, dans le sens du renforcement de la part des concours de l'État.**

La transformation d'impôts locaux, devenus archaïques, en dotations compensatrices est un phénomène ancien dans l'histoire des finances publiques. Toutefois, force est de constater qu'il s'est amplifié ces dernières années. L'État, pour conduire ses politiques à destination de certaines catégories de contribuables, est amené à pratiquer des exonérations ou des dégrèvements d'impôts locaux. Il peut aussi décider d'en supprimer certains. Ce manque à gagner fiscal pour les collectivités doit être compensé pour maintenir leur niveau de ressources.

En euros constants, ces compensations sont passées de 6,5 Mds en 1990 à 14 Mds en 2011 – soit environ le cinquième des ressources fiscales directes.

▶ Cependant, **ce mouvement a suscité des inquiétudes**. En effet, il menace l'autonomie financière des collectivités, risque d'affaiblir le lien entre le contribuable local et sa collectivité et de déresponsabiliser les acteurs locaux. D'où la volonté d'enrayer ce mouvement. La constitutionnalisation de l'autonomie financière a permis de faire émerger un nouvel outil statistique : le **coefficient d'autonomie**, à savoir le rapport des ressources propres sur le total des ressources (hors emprunt), qui ne peut descendre sous le niveau constaté en 2003. Mais la définition très large des ressources propres empêche cet outil d'être efficace pour contrer la progressive transformation des ressources locales fiscales en ressources dotatives.

Il s'agit toutefois là d'un problème dont le législateur a, semble-t-il, conscience puisque, depuis la loi de finances initiale pour 2011, on parle désormais de « transferts financiers de l'État vers les collectivités territoriales », et non plus, comme l'usage précédent le voulait, d'« effort financier de l'État en faveur des collectivités territoriales ».

Quelle est l'évolution de long terme des dépenses locales ?

▶ Les dépenses locales **ont augmenté sensiblement depuis plus de vingt ans**. Elles sont passées de 8 % du PIB en 1980 à 11 % en 2005 et 11,1 % en 2012.

La tendance à l'augmentation des dépenses des collectivités et de leurs groupements par rapport au PIB s'érode dans les années récentes ; il semble donc que les difficultés économiques actuelles et le souci de maîtriser l'évolution des finances publiques se manifestent également au niveau local. En 2010, on a observé un léger tassement (inférieur à 1 % par rapport à 2009) du montant total des dépenses des collectivités. Mais il s'est agi d'un effet passager de la crise de 2008, puisque 2011 et 2012 ont renoué avec une évolution à la hausse des volumes financiers locaux.

▶ **La progression des dépenses locales a été plus forte dans les régions que dans les départements et les communes**, c'est aussi au niveau des régions que se produit la plus grande part de la contraction observée depuis. De 2002 à 2012, les dépenses des régions ont augmenté de 86,4 %, quand celles des départements progressaient de 77,5 % et celles des communes (et de leurs groupements) de 40,4 %.

Cependant, de grandes différences existent au sein de chaque niveau de collectivité selon leur richesse, leur population et leurs choix budgétaires.

Comment le pouvoir financier des collectivités locales s'exerce-t-il ?

Comme l'État, **chaque collectivité prépare et vote un budget**, qui prend la forme d'un budget primitif et d'éventuels budgets supplémentaires, qui le modifient.

Le budget primitif est juridiquement **préparé par le maire** dans la commune et **par le président de l'assemblée délibérante** du département et de la région. Les collectivités les plus importantes sont dotées de services administratifs spécialisés dans les questions financières. Dans les communes moins importantes qui n'ont pas les moyens d'avoir du personnel qualifié, c'est le receveur communal qui prépare le budget.

Le budget primitif doit être **adopté par l'assemblée délibérante de la collectivité** théoriquement avant le début de l'année concernée par l'exercice. Mais parce que les collectivités peuvent ne pas avoir suffisamment tôt toutes les informations nécessaires à l'évaluation de leurs bases fiscales, la date limite de l'adoption est repoussée au 15 avril de l'année de l'exercice (au 30 avril les années de renouvellement de l'assemblée de la collectivité, art. L1612-2 CGCT).

Dans les collectivités de plus de 3 500 habitants, le vote du budget doit être précédé, dans les deux mois précédents, d'un **débat d'orientation budgétaire**, pour associer l'assemblée délibérante au travail de préparation conduit par l'exécutif local.

Le pouvoir financier mis en œuvre est essentiellement un pouvoir de gestion, consistant à pouvoir choisir, sous réserve de la contrainte des missions transférées par l'État qu'il faut satisfaire, la meilleure façon de servir l'intérêt local. Il ne s'agit pas d'un pouvoir de décision fiscale. **Le pouvoir financier local consiste donc en des décisions gestionnaires, n'ayant pas de réelle prise sur la consistance et l'importance des ressources**.

QU'EST-CE QU'UN BUDGET ?

Un budget est un acte juridique de prévision et d'autorisation financières. Le mot est revenu, *via* l'anglais, dans son sens actuel au début du XIXᵉ siècle (tous les dictionnaires ne s'accordent pas sur la même date exactement) de l'ancien français bougette, qui désignait, au Moyen Âge, une sacoche. Il s'agissait en réalité du petit sac en cuir dans lequel le Premier ministre britannique transportait jusqu'au Parlement les documents financiers destinés à l'information de la Représentation.

Formellement, le budget prend la forme de lois de finances initiales et rectificatives pour l'État, de budgets primitifs et supplémentaires pour les collectivités. Matériellement c'est l'ensemble des éléments en vertu desquels l'État ou les collectivités, d'une part, anticipent leurs recettes et leurs besoins financiers pour l'année suivante et, d'autre part, sont autorisés juridiquement à les mettre en œuvre.

Ainsi, c'est en vertu de la loi de finances que, chaque année, l'État est autorisé à collecter les impôts, pour son compte et celui des collectivités locales. C'est aussi en vertu de son budget que l'État et les collectivités sont autorisés, dans la limite des enveloppes prévues, à engager de la dépense publique.

Si le budget est au cœur de la juridicité des finances publiques, il joue aussi un rôle politique et économique de premier plan. Dans l'introduction de son ouvrage, *Cours de science des finances et de législation financière française*, Gaston Jèze (1922) écrivait que : « Le budget est essentiellement un acte politique. [...] Le budget est, avant tout, la mise en œuvre d'un programme d'action politique ». C'est évidemment l'instrument par lequel l'État ou les collectivités vont hiérarchiser leurs priorités politiques et les traduire en moyens d'action.

Le budget revêt aussi une importance économique de premier plan, puisque le solde prévisionnel de l'exercice comptable à venir y est déterminé. C'est à travers la confrontation des recettes et des dépenses qu'apparaît un besoin de financement couvert par l'emprunt. C'est donc un instrument de pilotage et de maîtrise des finances publiques. Opérationnellement, **c'est le budget qui ouvre juridiquement la possibilité aux collectivités publiques de s'endetter**. Du point de vue de la technique des finances publiques, **le budget n'est pas un document comptable**. La comptabilité vise à retracer l'exécuté, et elle servira, une fois l'exercice clos, à comparer le réel au prévisionnel. Alors que le budgétaire est un acte *a priori*, la comptabilité est, par définition, *a posteriori*. Au niveau local, elle est tenue en double à fins de contrôle : par l'exécutif sous la forme d'un compte administratif – voté par l'assemblée délibérante au plus tard six mois après la clôture de l'exercice –, et par le comptable public sous la forme d'un compte de gestion.

Quel est le rôle financier de l'État auprès des collectivités territoriales ?

L'État joue un **rôle triple eu égard aux finances locales** : il est une source de recettes ; il a un rôle technique s'agissant de la collecte des impôts locaux ; il anime les politiques de péréquation.

▶ **L'État est un financier.**

C'est le premier contributeur au budget des collectivités. Entre 1996 et 2010, les concours financiers de l'État aux collectivités territoriales, hors fiscalité transférée, sont passés de 37 à 75,4 milliards d'euros, soit une augmentation de 103 %. Cette évolution s'explique par la prise en charge étatique des multiples allégements, exonérations ou suppressions d'impôts locaux intervenus dans les années 1990. Depuis, on observe un léger tassement de cette valeur (73,5 Mds € en 2012, 72,8 Mds € en 2013 et 71,3 Mds € en 2014) s'expliquant par le fait que l'État ne réévalue plus systématiquement les évolutions de coûts des politiques transférées. Si on considère non plus les seuls concours, mais l'ensemble des transferts financiers (c'est-à-dire fiscalité transférée comprise), on arrive à 101,2 Mds € pour 2014, contre 98 Mds € en 2010, signe que l'importance de la fiscalité transférée est en train de croître doucement.

▶ **L'État agit comme le collecteur d'impôts et le garant des recettes des collectivités.**

L'État est le collecteur d'impôts pour la nation. À la fois pour des raisons historiques, « lever l'impôt » étant le moyen d'assurer ses missions régaliennes, et en raison du principe d'unité de caisse : seul le Trésor public est habilité à encaisser les recettes des impôts. Ce sont donc les services de l'État qui tiennent à jour les listes des contribuables et qui se chargent de recouvrer l'impôt. L'État prélève, pour assurer cette collecte, un pourcentage sur les montants reçus.

L'État garantit aux collectivités le montant intégral des impôts votés, et si les sommes effectivement perçues se révèlent inférieures au montant prévu, il comble la différence.

▶ **L'État joue également le rôle de « péréquateur » entre les collectivités** pour pallier l'inégalité des ressources fiscales. Par exemple, les communes les plus riches apportent alors des ressources aux plus pauvres par des techniques d'écrêtement et de redistribution.

Pourquoi l'État fait-il des dotations aux collectivités ?

Les dotations de l'État, c'est-à-dire les sommes prélevées sur le budget de l'État et distribuées aux collectivités territoriales, répondent à quatre objectifs.

▶ **Aider au fonctionnement courant des collectivités** : il existe diverses dotations, dont la plus importante est la dotation globale de fonctionnement (DGF). La loi de finances 2004 a établi une nouvelle architecture des dotations de l'État aux collectivités territoriales. Ainsi la DGF a-t-elle doublé entre 2003 et 2004 passant de 18,8 à 36,8 Mds €. En 2014, elle s'élève à 40,1 Mds €.

▶ **Aider à l'investissement** : il s'agit des dotations et subventions d'équipement dont le montant pour 2014 s'est élevé à de 9,9 Mds €.

▶ **Financer des accroissements de charges** dus aux transferts de compétences résultant du processus de décentralisation (4,2 Mds € pour 2013, 2,5 Mds € en 2014). Cette importance différence d'une année sur l'autre s'explique notamment par le remplacement de la dotation générale de décentralisation pour la formation professionnelle versée aux régions principalement par des ressources fiscales transférées.

▶ **Compenser les exonérations et dégrèvements** consentis par la loi. Dans le cas d'un dégrèvement d'impôts locaux, le manque à gagner pour les collectivités est intégralement compensé et pris en charge par l'État. Les exonérations d'impôts font l'objet d'une compensation forfaitaire. Pour 2014, les compensations d'exonérations et de dégrèvements législatifs se sont élevés à 12,6 Mds €, un chiffre en recul depuis 2010 (19,75 Mds).

La participation de l'État aux finances locales se manifeste, outre les dotations de différents natures au versement desquelles il se livre, à des **transferts fiscaux**, sous la forme, notamment, d'une affectation d'une part locale d'assiette d'impôts étatiques (fiscalité transférée).

Qu'est-ce que la péréquation ?

La péréquation est un **mécanisme de redistribution** qui vise à réduire les écarts de richesse, et donc les inégalités, entre les différentes collectivités territoriales (on estime que 5 % des collectivités – soit environ 1 800 communes – possédaient à elles seules 80 % des bases de la taxe professionnelle selon le rapport 2013 de l'Observatoire des finances locales). **La**

révision constitutionnelle du 28 mars 2003 l'a érigée en objectif de valeur constitutionnelle, puisque désormais « la loi prévoit des dispositifs de péréquation destinés à favoriser l'égalité entre les collectivités territoriales » (art. 72-2).

▶ Deux mécanismes de péréquation peuvent être distingués :
– la « **péréquation horizontale** » s'effectue entre les collectivités territoriales et consiste à attribuer aux collectivités défavorisées une partie des ressources des collectivités les plus « riches » ;
– la « **péréquation verticale** » est assurée par les dotations de l'État aux collectivités. La dotation globale de fonctionnement en est le principal instrument.

▶ Ceci étant, les limites de la démarche de péréquation se perçoivent bien dès lors que l'on constate que **près de 90 % des transferts financiers réalisés à ce titre relèvent de la péréquation verticale**. Cela atteste que l'État cherche à jouer un rôle correcteur des inégalités locales, mais que les solidarités entre les territoires sont encore insuffisantes.

Dans un contexte de réduction des transferts financiers de l'État aux collectivités, il a été prévu de développer la péréquation horizontale dans les années qui viennent. Aussi, **on devrait assister à une montée en charge des mécanismes horizontaux au niveau communal**, avec notamment le nouveau Fonds national de péréquation des ressources intercommunales et communales (FPIC), qui est passé de 150 millions d'euros en 2012 à 360 millions en 2013 et devrait atteindre 1 270 millions en 2016.

L'échelon régional, jusqu'à présent dépourvu de péréquation horizontale, bénéficie depuis 2013 d'un fonds de péréquation de la cotisation sur la valeur ajoutée des entreprises (CVAE).

QUELS SERONT LES EFFETS FINANCIERS DE LA RÉFORME TERRITORIALE EN COURS ?

Quelles économies attendre de la nouvelle carte des régions...

La refonte de la carte régionale a fait l'objet de loi du 16 janvier 2015. L'étude d'impact réalisée préalablement permet d'identifier au moins deux objectifs à cette nouvelle carte : « Il s'agit non seulement de l'adapter aux réalités géographiques et à l'Europe des régions, mais encore de **relever le défi du redressement de l'économie et des comptes publics**. »

Sur le volet financier, aucun chiffrage crédible ni suffisant des économies escomptées n'a été réalisé. Le secrétaire d'État à la réforme territoriale a bien évoqué, en juin 2014, 10 milliards d'économies sous cinq à dix ans, mais un mois auparavant il avançait une fourchette allant jusqu'à 25 milliards !

L'étude d'impact susmentionnée contient très peu de considérations financières. Comparant le niveau moyen de dépenses des régions par habitant selon qu'elles comptent moins d'un million d'habitants (928 €) ou plus de quatre (398 €), elle conclut que des régions plus grandes permettront de réaliser des « économies d'échelle importantes ». Il reste que rien ne prouve, en l'état, qu'un territoire densément peuplé entraîne les mêmes besoins en administration et les mêmes coûts de gestion qu'un autre moins dense ; et surtout, quelle que soit la pertinence de l'argument invoqué, il ne fournit aucun chiffrage. Tout au plus le Gouvernement indique-t-il que « le nombre de conseillers régionaux de métropole étant diminué de 8,7 %, les dépenses en matière d'indemnités des élus seront réduites », ce qui est assez éloigné de l'objectif de « redressement de l'économie et des comptes publics » évoqué dans l'étude d'impact.

De la même manière, cette étude relève que « l'on compte en moyenne 1,3 agent régional pour 1 000 habitants, ce ratio s'élève à 2,7 dans les régions de métropole de moins d'un million d'habitants », sans fournir de chiffrage de la réduction escomptée des effectifs de la fonction publique régionale.

C'est d'ailleurs cette absence de données chiffrées qui a constitué le motif mis en avant par la Conférence des présidents pour refuser l'inscription du texte à l'ordre du jour du Sénat, en vertu de l'article 39 al. 4 de la Constitution. Saisi par le Premier Ministre, le Conseil constitutionnel a ainsi eu l'occasion de se prononcer pour la première fois dans le cadre de la procédure prévue à cet article par sa décision 2014-12 FNR dans laquelle il estime que : «Il ne saurait en particulier être fait grief à cette étude d'impact de ne pas comporter de développements sur l'évolution du nombre des emplois publics dès lors que le Gouvernement ne mentionne pas la modification de ce nombre dans les objectifs poursuivis». L'examen du projet de loi a donc pu démarrer, sans que le Gouvernement ne doive évaluer plus finement les économies ni les gains de productivité administrative escomptés. On peut donc raisonnablement douter que la nouvelle carte des régions contribuera de manière quantifiable au rééquilibrage des comptes publics.

... et de la suppression de la clause générale de compétence?

La **suppression de la clause générale de compétence pour les départements et les régions** (devant théoriquement mettre fin à l'enchevêtrement des compétences territoriales et à la redondance des actions publiques locales) constitue un autre grand point de réforme grâce auquel l'État espère faire des économies.

L'étude d'impact de la loi du 16 décembre 2010, qui avait acté cette suppression pour 2015, avait chiffré à 11 Mds € pour les départements et 7 Mds € pour les régions les sommes exposées dans des compétences concurrentes avec d'autres échelons territoriaux. Une fraction, non précisée dans l'étude, de cette somme aurait donc pu être économisée... À la faveur de l'alternance politique, le nouveau législateur a rétabli la clause générale de compétence par la loi du 27 janvier 2014 de modernisation de l'action publique territoriale et d'affirmation des métropoles. Toutefois, le projet de loi portant nouvelle organisation territoriale de la République, en cours de discussion au Parlement début 2015, propose à nouveau sa suppression à l'horizon 2020.

LES INSTRUMENTS FINANCIERS LOCAUX

Quels principes guident l'élaboration des budgets locaux ?

Ces principes sont au nombre de cinq et font l'objet d'un contrôle exercé par le préfet, en liaison avec la chambre régionale des comptes (CRC), dans le cadre de ce qu'on appelle le contrôle budgétaire.

▶ Le **principe d'annualité** exige :
– que le budget soit défini pour une période de douze mois allant du 1er janvier au 31 décembre ;
– que chaque collectivité adopte son budget pour l'année suivante avant le 1er janvier, mais un délai est laissé par la loi jusqu'au 15 avril de l'année à laquelle le budget s'applique, ou jusqu'au 30 avril, les années de renouvellement des assemblées locales.

Toutefois, l'ordonnance du 26 août 2005 relative à la simplification et à l'aménagement des règles budgétaires et comptables applicables aux collectivités territoriales assouplit fortement ce principe en élargissant les mécanismes de pluriannualité.

▶ La **règle de l'équilibre réel** implique l'existence d'un équilibre entre les recettes et les dépenses des collectivités, ainsi qu'entre les différentes parties du budget (sections de fonctionnement et d'investissement) *(voir encadré, p. 171)*.

▶ Le **principe d'unité** suppose que toutes les recettes et les dépenses figurent dans un document budgétaire unique, le budget général de la collectivité. Toutefois, d'autres budgets, dits annexes, peuvent être ajoutés au budget général afin de retracer l'activité de certains services. Ainsi, le budget du centre d'action sociale est annexé au budget général de la commune. Les services publics industriels et commerciaux gérés directement par les communes doivent, quant à eux, obligatoirement figurer dans un budget annexe.

▶ Le **principe d'universalité** implique :
– que toutes les opérations de dépenses et de recettes soient indiquées dans leur intégralité et sans modifications dans le budget. Cela rejoint l'exigence de sincérité des documents budgétaires ;
– que les recettes financent indifféremment les dépenses. C'est l'universalité des recettes.

▶ Le **principe de spécialité** des dépenses consiste à n'autoriser une dépense qu'à un service et pour un objet particulier. Ainsi, les crédits sont affectés à un service, ou à un ensemble de services, et sont spécialisés par chapitre groupant les dépenses selon leur nature ou selon leur destination.

Comment un budget local se présente-t-il ?

▶ Un budget est un **acte juridique qui prévoit et autorise les recettes et les dépenses**. Au sens matériel, il n'existe qu'un seul budget, mais il peut formellement se présenter, *in fine*, en plusieurs documents. En effet, le **budget primitif** est tout d'abord voté et énonce aussi précisément que possible l'ensemble des recettes et des dépenses pour l'année. Mais en cours d'année, des **budgets supplémentaires ou rectificatifs** sont nécessaires, afin d'ajuster les dépenses et les recettes aux réalités de leur exécution. De plus, des **budgets annexes** retracent les recettes et les dépenses de services particuliers.

La structure d'un budget comporte **deux parties : la section de fonctionnement et la section d'investissement** qui se composent chacune d'une colonne dépenses et d'une colonne recettes. À l'intérieur de chaque colonne, il existe des chapitres, qui correspondent à chaque type de dépense ou de recette, ces chapitres étant eux-mêmes divisés en articles.

La section de fonctionnement regroupe :
– toutes les dépenses nécessaires au fonctionnement de la collectivité (charges à caractère général, de personnel, de gestion courante, intérêts de la dette, dotations, amortissements, provisions) ;

– toutes les recettes que la collectivité peut percevoir des transferts de charges, de prestations de services, des dotations de l'État, des impôts et taxes, et éventuellement des reprises sur provisions et amortissement que la collectivité a pu effectuer ; notamment le produit des quatre grands impôts directs locaux, la dotation globale de fonctionnement (DGF) et la dotation générale de décentralisation (DGD).

La section d'investissement comporte :

– en dépenses : le remboursement du capital de la dette et les dépenses d'équipement de la collectivité (travaux en cours, opérations pour le compte de tiers…) ;

– en recettes : les emprunts, les dotations et subventions de l'État ; on y trouve aussi une recette d'un genre particulier, l'autofinancement, qui correspond en réalité au solde excédentaire de la section de fonctionnement.

Comment un budget local est-il préparé ?

La préparation d'un budget relève de l'exécutif local (maire, président du conseil départemental ou régional, selon la collectivité) et est assurée par les services financiers des collectivités. Elle nécessite une évaluation des dépenses et des recettes pour l'année à venir.

L'État doit fournir les renseignements indispensables (montant des dotations, détermination des bases d'imposition, informations générales sur le personnel) pour que les collectivités puissent évaluer leurs recettes. Les délais de production des données financières – notamment le montant des dotations à attendre et l'estimation des bases fiscales nécessaires à l'anticipation des recettes – expliquent que les collectivités doivent adopter leur budget, non pas au 1er janvier, mais au 15 avril de l'année de l'exercice.

Les dépenses obligatoires doivent être sincèrement évaluées. Elles concernent les secteurs de compétences fixés par la loi pour chaque type de collectivité. Ainsi, le budget régional doit intégrer les dépenses relatives à la rénovation des lycées qui relève de sa compétence. De même, les charges de personnel sont obligatoires pour toutes les collectivités et doivent être inscrites en dépenses. À défaut d'une inscription au budget, le préfet peut saisir la chambre régionale des comptes, qui demande à la collectivité de rectifier l'oubli.

En ce qui concerne les dépenses, des discussions sont engagées avec les services, selon un calendrier établi en interne, et sont suivies de réunions d'arbitrage. Les collectivités peuvent alors déduire leur marge de manœuvre par rapport aux recettes qu'elles attendent, soit afin de contenir les dépenses pour respecter la règle de l'équilibre, soit afin d'effectuer des choix stratégiques en mettant l'accent sur des priorités politiques.

Comment un budget local est-il voté ?

▶ **Le budget est voté par l'assemblée délibérante de la collectivité**. La tenue d'un débat d'orientation budgétaire dans les deux mois précédant le vote du budget est obligatoire, sauf pour les communes de moins de 3 500 habitants. Il permet d'informer l'assemblée sur la situation financière de la collectivité et de présenter les grandes orientations pour l'année à venir.

Après le débat, mais avant le vote, les membres de l'assemblée doivent recevoir le budget et ses annexes. L'ordonnance du 26 août 2005 relative à la simplification et à l'aménagement des règles budgétaires et comptables applicables aux collectivités territoriales allège le contenu des documents préparés par les exécutifs locaux.

▶ **Les budgets des collectivités doivent toujours être votés en équilibre réel et sincère**, et suivant un calendrier établi par la loi (avant le 15 avril, ou le 30 avril l'année de renouvellement de l'assemblée). La section de fonctionnement est d'abord adoptée avant la section d'investissement. Les budgets sont votés par chapitres ou, si l'assemblée délibérante le décide, par articles à l'intérieur de chaque section.

Les communes qui ont adopté la nomenclature comptable mise en place par l'instruction M 14, c'est-à-dire une comptabilité qui se rapproche du plan comptable utilisé par les entreprises, peuvent recourir au **vote fonctionnel** lorsqu'elles comptent plus de 10 000 habitants. Il consiste à regrouper dans une même famille ou fonction (par exemple, l'éducation) les dépenses de fonctionnement et d'investissement qui y correspondent. D'autres instructions comptables, qui se rapprochent de celles des communes, ont été adoptées pour les départements (instruction M 52 dont l'application a été généralisée au 1er janvier 2004) et pour les régions (instruction M 71 généralisée au 1er janvier 2008).

Un budget peut-il être modifié après son vote ou pendant son exécution ?

Après son vote, un budget est toujours susceptible d'être modifié. Plusieurs raisons et plusieurs techniques conduisent à une modification de l'acte budgétaire.

▶ Le **budget supplémentaire** est un acte d'ajustement et de report. En effet, tout comme les lois de finances rectificatives pour le budget de l'État, il offre la possibilité de corriger en cours d'année les prévisions du budget primitif. Il permet également d'intégrer dans les budgets locaux les résultats de l'année précédente (excédents, déficits…) dégagés par le compte administratif adopté avant le 30 juin, c'est-à-dire après le vote du budget primitif, le 15 avril ou le 30 avril. Le budget supplémentaire reprend la structure du budget primitif et est généralement adopté vers le mois d'octobre.

▶ Les **décisions modificatives** ont la même fonction que le budget supplémentaire concernant l'ajustement des prévisions en cours d'année, mais n'ont pas de fonction de report. Elles modifient ponctuellement le budget initial. Ce sont des délibérations de l'assemblée locale (conseil municipal, général ou régional) autorisant l'exécutif local (maire, président du conseil général ou régional) à effectuer des recettes ou des dépenses complémentaires. Le nombre de ces décisions modificatives est laissé au libre choix de chaque collectivité. Elles peuvent être adoptées à tout moment après le vote du budget primitif et peuvent même, pour la section de fonctionnement, être votées jusqu'au 21 janvier de l'année suivante, afin d'ajuster les crédits destinés notamment à régler les dépenses engagées avant le 31 décembre.

▶ **Les modifications peuvent aussi résulter d'une intervention du préfet** : un budget peut être voté et ne pas respecter les principes obligatoires, c'est-à-dire ne pas inclure les dépenses obligatoires à chaque collectivité ou ne pas respecter le principe d'équilibre réel du budget. Le préfet peut alors saisir la chambre régionale des comptes qui lui donne un avis. Dans le cas du non-respect de l'équilibre réel, le préfet règle et exécute le budget si la collectivité refuse de rétablir la régularité de son budget.

LA COMPTABILITÉ DES COLLECTIVITÉS TERRITORIALES

La décentralisation, l'élargissement des compétences des collectivités, et surtout la libéralisation de leur financement, nécessitent de mettre à la disposition des élus, des citoyens et des partenaires financiers des collectivités des informations et des indicateurs fiables et précis sur leur situation financière et sur l'impact financier de l'action publique.

La comptabilité locale s'inspire de longue date du plan comptable conçu pour les entreprises privées, puisque le décret du 29 décembre 1962 portant règlement général de la comptabilité publique confirmait une pratique, déjà à l'époque, antérieure. Le décret de 1962 a été abrogé et remplacé par le décret 2012-1246 du 7 novembre 2012 relatif à la gestion budgétaire et comptable publique. On distingue les comptabilités par niveau de collectivités.

Les principes communs

La comptabilité, contrairement aux actes budgétaires – autorisation et prévision, donc logique *a priori* – repose sur une démarche *a posteriori* puisqu'il s'agit de retracer les mouvements financiers exécutés. La comptabilité va être tenue par l'ordonnateur, au moyen de ce qu'on appelle le **compte administratif** ; le comptable public tient, pour sa part, le **compte de gestion**. Évidemment, les deux documents doivent coïncider.

Les collectivités territoriales élaborent plusieurs documents budgétaires avant et pendant l'exercice. À l'issue de la gestion, doit être voté le compte administratif qui arrête le résultat de l'exercice. Même si leur portée juridique est très différente, budget et comptabilité portent sur les mêmes objets, et doivent donc rendre compte des masses financières selon les mêmes grilles d'analyse, les mêmes nomenclatures. À cet égard, la comptabilité publique locale s'inspire du plan comptable général. Les réformes comptables reprennent ainsi les **principes comptables généraux d'indépendance des exercices, de sincérité des comptes et de prudence**. Ceci se traduit par l'introduction des techniques comptables :

– de rattachement des produits (recettes) et des charges (dépenses) à l'exercice : la comptabilité est donc tenue en droits constatés, c'est-à-dire qu'elle constate les engagements pris (ex. : dettes envers des fournisseurs), et les droits acquis par la collectivité (ex. : impôts dus) ;

– d'amortissement obligatoire des biens renouvelables (comme les véhicules) afin d'apprécier le coût de ce renouvellement et donc d'inciter à dégager les ressources correspondantes ;

– de provisionnement, notamment pour les garanties d'emprunt, les litiges et contentieux et le remboursement différé de la dette.

La comptabilité des communes

La **M14** est la nomenclature budgétaire et comptable qui s'applique aux communes et à leurs services publics à caractère administratif, aux centres communaux et intercommunaux d'action sociale, aux caisses des écoles et aux établissements publics de coopération intercommunale (EPCI). Votée par le Parlement en 1994, elle a été mise en œuvre en 1997.

La M14 cherche notamment à améliorer l'information budgétaire et financière, en particulier sur la situation patrimoniale des communes.

Simplifiée pour les communes de moins de 3 500 habitants, elle s'inspire en grande partie de l'architecture et des conventions du plan comptable général utilisé par les entreprises. Ainsi, elle reprend les mêmes classes de comptes pour le compte de résultat, le bilan et le hors bilan. Elle peut ainsi fournir des éléments d'appréciation sur le patrimoine communal et faciliter l'analyse de la situation financière (niveau d'endettement, autofinancement, etc.).

Le résultat de la section de fonctionnement est affecté au profit de la section d'investissement. À titre prévisionnel, il doit autofinancer les investissements projetés. En fin d'exercice, si un résultat supérieur aux prévisions apparaît, il peut servir à financer de nouveaux investissements ou de nouveaux besoins de fonctionnement.

Dans les communes de plus de 3 500 habitants, la M14 met en place une nomenclature fonctionnelle, permettant de reclasser les recettes et les dépenses selon les politiques conduites par la commune (enseignement, culture, action économique, administration générale, etc.). Le vote du budget peut également s'effectuer par fonction, mais seulement pour les communes de 10 000 habitants et plus. Enfin, l'ordonnance du 26 août 2005 relative à la simplification et à l'amélioration des règles budgétaires et comptables applicables aux collectivités territoriales a modifié l'instruction M14 : la pluriannualité est renforcée et le régime des provisions réformé.

La comptabilité des départements et des régions

Pour les départements, l'instruction **M52** adapte la comptabilité à l'environnement juridique (décentralisation, réformes législatives diverses) et recherche l'homogénéité la plus grande possible avec celle des autres collectivités. Appliquée depuis le 1er janvier 2004, elle renforce également la comptabilité patrimoniale (principes d'amortissement hors voirie ; comptabilité d'exercice). La nomenclature fonctionnelle retrace les spécificités des politiques départementales, notamment en matière sociale (revenu de solidarité active, allocation personnalisée à l'autonomie, prévention médico-sociale) ou pour les subventions versées aux autres collectivités pour la construction d'équipements publics. Le vote du budget s'effectue par nature ou par fonction. La M52 permet de provisionner des risques, de constituer des réserves et donne un support comptable à la gestion active de la dette.

Pour les régions, l'instruction M71 vise également à améliorer la patrimonialité de leurs comptes. Les régions ont été les dernières collectivités territoriales à disposer d'une instruction comptable rénovée.

Les instructions M52 et M71 ont évolué avec l'ordonnance du 26 août 2005 et le renforcement de la pluriannualité.

Comment le budget local est-il appliqué ?

▶ L'application du budget est gouvernée par **un principe fondamental : la séparation des ordonnateurs et des comptables**.

L'ordonnateur, qui est l'exécutif des collectivités (maire, président du conseil général ou régional), donne l'ordre d'engager les dépenses et de recouvrer les recettes, mais ne peut pas manipuler les fonds publics. Il tient le compte administratif.

Le comptable public est chargé d'exécuter les dépenses et les recettes selon les indications de l'ordonnateur, mais il ne lui est pas subordonné. Il est responsable personnellement et sur son propre argent de ces opérations. C'est un fonctionnaire de l'État dépendant du corps des comptables du Trésor. Il tient le compte de gestion de la collectivité.

▶ L'application du budget obéit à **des règles précises** faisant intervenir successivement l'ordonnateur et le comptable public.

Pour les dépenses, il y a quatre opérations, trois relevant de l'ordonnateur (phase administrative) et une du comptable (phase comptable) :
– l'**engagement** : décision par laquelle l'ordonnateur décide d'effectuer une dépense. Elle se traduit par l'affectation des crédits nécessaires au règlement de la dépense ;
– la **liquidation** : il s'agit de vérifier la réalité de la dette de la collectivité et de fixer le montant de la dépense ;
– l'**ordonnancement** : c'est un mandat de paiement par lequel l'ordonnateur donne l'ordre au comptable de payer ;
– le **paiement par le comptable** : il procède d'abord à certaines vérifications, portant sur la régularité des opérations précédentes, et ensuite au paiement de la dépense.

Pour les recettes, se succèdent également phase administrative et phase comptable :
– l'émission d'un ordre de recettes (**phase administrative**) : la collectivité constate qu'un administré doit s'acquitter d'une somme correspondant à un service qui lui a été rendu (par exemple, repas pris dans une cantine scolaire…) ;

– le contrôle notamment de l'existence de l'autorisation de percevoir la recette et son recouvrement, c'est-à-dire son encaissement par le comptable public, constituent la **phase comptable**.

Quels principes régissent la fiscalité locale ?

▶ Les collectivités territoriales **ne peuvent pas créer d'impôts nouveaux** pour alimenter leur budget.

Depuis la loi du 10 janvier 1980, elles disposent de la **liberté de voter les taux des quatre taxes directes**. Il est à noter que, depuis 2011, les régions ne votent plus le taux d'aucun impôt direct local ; la liberté du vote du taux est désormais restreinte aux communes, EPCI et départements.

Mais **la loi encadre cette liberté** de limites précises, afin d'éviter des inégalités de traitement entre les contribuables et une trop forte croissance de la pression fiscale.

En effet, pour les communes, les taux de la taxe d'habitation (TH) et des deux taxes foncières ne doivent pas dépasser un **plafond** égal à 2,5 fois la moyenne nationale de l'année précédente ou de la moyenne départementale, si elle est plus élevée. Pour la contribution foncière des entreprises (CFE), le taux plafond est deux fois la moyenne nationale de l'année précédente constatée au niveau des communes et des établissements publics de coopération intercommunale (EPCI).

La variation des taux est encadrée : les collectivités peuvent choisir soit d'appliquer une variation identique aux quatre taxes (**variation proportionnelle**), soit de faire varier librement les taux de TH et de la taxe foncière sur les propriétés bâties (**variation différenciée**), sachant que cela va avoir un impact, *via* des règles complexes de liens entre les taux, sur les taux applicables à la taxe foncière sur les propriétés non bâties et à la CFE. Ces taux sont ainsi « arrimés » les uns aux autres.

▶ Ce sont **les directions des services fiscaux qui fixent les bases d'imposition des quatre taxes directes**. Par exemple, la revalorisation des valeurs locatives des propriétés bâties et non bâties est fixée par l'État, et non pas par les collectivités territoriales, qui ne peuvent que se baser sur les éléments transmis par l'État.

Quelles sont les ressources fiscales des collectivités ?

Les ressources fiscales des collectivités se décomposent en fiscalité directe et fiscalité indirecte.

▶ La **fiscalité directe**

Elle comprend principalement quatre taxes et des prélèvements de moindre importance.

Les quatre taxes directes sont :
– la taxe d'habitation, payée par les particuliers et les entreprises ;
– la taxe sur le foncier bâti, payée par les propriétaires du terrain ;
– la taxe sur le foncier non bâti, également payée par les propriétaires du terrain ;
– la contribution économique territoriale, acquittée par les entreprises, venant en substitution de la taxe professionnelle supprimée depuis 2010.

Ces quatre taxes représentent près des trois quarts des recettes fiscales des collectivités, groupements à fiscalité propre inclus : on estime qu'elles s'élevaient à 72,9 milliards d'euros (Mds €) en 2013. Jusqu'alors, la taxe professionnelle était la plus importante taxe locale et représentait, à elle seule, près de 30 % des recettes fiscales, directes et indirectes, en 2010 (la TP ayant été collectée en 2009 pour la dernière fois, c'est sur la base des données relatives de la compensation relais à la taxe professionnelle que ces chiffres sont calculés). La fiscalité économique locale mise en place en substitution (CET, IFER, TASCOM) ne dégage pas un produit aussi important que la taxe professionnelle (25,4 Mds € en 2013 contre 30,3 Mds en 2009).

À ces quatre taxes, il faut ajouter d'autres taxes directes, notamment la taxe d'enlèvement des ordures ménagères.

Le montant de la fiscalité locale directe pour l'ensemble des collectivités s'élevait, pour l'année 2012, à 71,7 Mds €.

▶ La **fiscalité indirecte**

Elle représente une part limitée des ressources fiscales des collectivités. En 2012, elle s'élevait à 49,3 Mds €. Elle concerne principalement les droits de mutation à titre onéreux et la part locale de la taxe intérieure de consommation sur les produits énergétiques (TICPE). Il peut s'agir encore de la taxe sur les cartes grises, la taxe sur l'électricité et la taxe différentielle sur les véhicules de société à moteur ou vignettes, la vignette pour les véhicules particuliers ayant été supprimée par la loi de finances pour 2001. Cette fiscalité est plus dépendante de la conjoncture économique que la fiscalité directe.

Qu'est-ce que la contribution économique territoriale ?

Introduite par la loi de finances initiale pour 2010, **la contribution économique territoriale (CET) se substitue à la taxe professionnelle (TP) comme la première imposition locale des entreprises**. Sur le plan financier, la substitution n'est que partielle. Afin de compenser la réduction globale de taxation des entreprises souhaitée par le Gouvernement pour des raisons économiques et industrielles, un système complexe de financement a été mis en place pour ne pas léser les collectivités territoriales.

La structure de la CET se décompose globalement en deux parties.

La **cotisation foncière des entreprises (CFE)** est collectée au seul profit des communes et de leurs groupements. Son taux reste voté par les élus dans le cadre de règles de plafonnement et de liaison. La CFE est assise sur la valeur locative des biens passibles d'une taxe foncière (terrains, constructions, installations…) situés en France, ce qui est plus étroit que l'assiette de l'ancienne TP qui comprenait l'ensemble des immobilisations (le capital fixe – immeubles, terrains, outillage, matériel...) de l'entreprise.

La **cotisation sur la valeur ajoutée des entreprises (CVAE)** est partagée entre les différents niveaux de collectivités (25 % pour les communes et leurs groupements, 25 % pour les régions, 50 % pour les départements). Son taux est fixé nationalement selon un barème progressif en fonction du chiffre d'affaires.

Un point mérite d'être souligné : les collectivités territoriales perdent l'essentiel de leur liberté de fixation des taux au fur et à mesure des évolutions de la TP/CET, car elles n'ont pas la maîtrise du taux de la CVAE, et seul l'échelon communal bénéficie de la CFE.

En 2013, 6,9 Mds € ont été collectés au titre de la CFE et 16,3 Mds € au titre de la CVAE.

LA QUESTION DE LA RÉFORME DE LA TAXE PROFESSIONNELLE

La taxe professionnelle (TP), créée par la loi du 29 juillet 1975, entre en application dès le 1er janvier 1976, en remplacement de la contribution des patentes, héritée de l'époque révolutionnaire. Elle était devenue franchement archaïque dans un monde industrialisé, puisqu'elle induisait des distorsions de pression fiscale en défaveur des petits contribuables et épargnait davantage les industries lourdes.

Une taxe très rapidement obsolète

Cette nouvelle taxe conserve toutefois certains traits d'archaïsme, puisqu'il s'agit d'une **imposition indiciaire**. Elle opère une taxation des immobilisations (terrains, bâtiments, machines, matériels...) selon leur valeur locative indiciaire ; la base d'imposition recouvre aussi une partie de la masse salariale distribuée par l'entreprise – ce qu'on appelle la part salaire de la taxe professionnelle.

Aussi, elle va, d'emblée, faire l'objet de critiques et susciter des appels à une réforme en profondeur. Outre qu'elle ne donne pas entière satisfaction au niveau de la redistribution de la charge fiscale entre les différentes entreprises, elle se révèle plus pénalisante pour les industries ayant un besoin massif de main-d'œuvre – ayant donc une masse salariale importante – comme pour celles reposant sur un fort investissement capitalistique – ayant donc d'importantes immobilisations. Ce constat, qui n'est, du reste, guère étonnant, se prolonge par celui du caractère particulièrement problématique de cette fiscalité dès lors que le chômage devient un enjeu politique de premier plan ; plus tard, quand le constat d'une dynamique de désindustrialisation s'imposera avec netteté, la taxe professionnelle apparaîtra encore davantage comme un impôt économiquement peu pertinent.

Les transformations du tissu productif, l'apparition et le développement d'entreprises à forte valeur ajoutée, notamment dans le secteur des nouvelles technologies, pouvant réaliser un important chiffre d'affaires avec peu de personnel et quasiment pas d'immobilisation, ont achevé de rendre inéluctable une remise en question de la taxe professionnelle telle qu'elle était assise.

Une réforme introuvable ?

Dans le contexte économique qui caractérise notre pays depuis la seconde moitié des années 1970, **la taxe professionnelle apparaît économiquement peu pertinente et, au demeurant, fiscalement peu dynamique**, étant incapable de s'adapter aux nouveaux modèles productifs. Il a été régulièrement proposé de faire de la taxe professionnelle une taxe sur la valeur ajoutée des entreprises, ce qui permettrait d'obvier aux nombreux inconvénients de son assiette définie en 1975. Mais autant la notion de valeur ajoutée se manie aisément dans le cadre d'une fiscalité indirecte appréhendant chaque transaction séparément – ce que fait la TVA –, autant une imposition directe, condamnée à appréhender l'activité d'une entreprise sur la globalité d'un exercice, ne peut pas faire l'économie d'en donner une – difficile – définition économique et juridique. Au demeurant, et surtout, il ne fallait pas que la substitution des bases provoque de soudaines ruptures dans les niveaux de ressources financières des collectivités ni n'entraîne un brusque changement de la pression fiscale subie par les entreprises.

Jusqu'en 2010, la situation, qui n'est pas restée figée, est toutefois essentiellement bloquée autour d'une fiscalité condamnée mais à laquelle on ne parvient pas à trouver un remplaçant acceptable. Deux adaptations intervenues à la fin des années 1990 sont à relever. D'une part, **en 1999**, le Gouvernement décide la **suppression de la part salaire de la TP** – remplacée par une dotation compensatrice de l'État. La part salaire disparaît progressivement à partir de cette année et définitivement en 2003. D'autre part, les lois de finances initiales pour 1996 et 1999 mettent en place une seconde taxe professionnelle, autrement assise. Il s'agissait d'une **taxe professionnelle supplémentaire frappant (à 1,5 % depuis 2001) la valeur ajoutée des entreprises** ayant réalisé un chiffre d'affaires supérieur à 7,6 millions d'euros.

Dans les années 2000, la question de la réforme de la TP revêt une acuité particulière. Dans son rapport remis en 2004, la commission Fouquet préconise la création d'une taxe professionnelle assise à 80 % sur la valeur ajoutée et à 20 % sur les immobilisations évaluées selon leurs valeurs locatives. La proposition n'est pas suivie et la situation reste marquée par une TP uniquement basée sur les immobilisations et une TP supplémentaire fondée sur la valeur ajoutée des grandes entreprises. **À la fin, compte tenu des différentes politiques de dégrèvement, de plafonnement et de compensations diverses, l'État prenait à sa charge 55 % des montants collectés par la TP!**

La CET : une logique proche de celle de la TP

À cet égard, on peut constater que la contribution économique territoriale (CET), née de l'annonce soudaine de la suppression de la TP – qui a un peu pris de court les collectivités territoriales –, n'est pas si innovante qu'il y paraît : le dispositif de la CET répond à une **logique très similaire à celle de la TP dans son dernier état;** la CET opère une **contraction de la contribution fiscale locale des entreprises**.

La CET regroupe en effet deux prélèvements : la contribution foncière des entreprises (CFE), qui n'est pas sans rappeler la TP assise sur les immobilisations – mais avec une assiette beaucoup plus étroite; la cotisation sur la valeur ajoutée des entreprises (CVAE) qui n'est pas sans rappeler la TP *bis* créée en 1996, dont elle reprend aussi le taux de 1,5 % – mais des mécanismes de dégrèvement font que seules les entreprises dont le chiffre d'affaires est supérieur à 50 millions € sont frappées à ce tarif.

Les autres dispositifs d'accompagnement de la suppression de la TP

La suppression de la TP s'est accompagnée de la création d'une **imposition forfaitaire sur les entreprises de réseaux (IFER)** et du transfert vers le bloc communal (communes et EPCI) de la **taxe sur les surfaces commerciales (TASCOM)** qui était un impôt d'État jusqu'alors.

La suppression de la TP a signifié, concrètement, une baisse globale de la fiscalité économique locale, passant de plus de 31 Mds € en 2010 (sur la base de la compensation-relais) à un peu moins de 23 Mds € en 2011 (pour l'ensemble CFE + CVAE + IFER + TASCOM). C'est un premier constat à tirer.

Le second, c'est que cette évolution n'a pas eu les mêmes conséquences selon les échelons territoriaux : ainsi la fiscalité économique du bloc communal est passée de 18,8 Mds € en 2010 à 11,3 Mds € l'année suivante ; par contre l'échelon régional a vu son produit fiscal économique progresser de 3 Mds € à 4,3 Mds €.

Que sont les transferts financiers de l'État aux collectivités territoriales ?

Appelés « effort financier de l'État en faveur des collectivités territoriales » jusqu'en 2011, les transferts financiers de l'État aux collectivités regroupent trois ensembles :
– les concours de l'État aux collectivités territoriales (61 % de l'ensemble en 2013) ;
– les dégrèvements d'impôts locaux et les subventions spécifiques versées par les ministères (12 %) ;
– la fiscalité transférée (27 %).

Les concours sont essentiellement constitués des dotations versées par l'État aux collectivités. Certaines de ces dotations sont prévues au budget général de l'État à la mission « Relations avec les collectivités territoriales », mais financièrement, la majorité des dotations (dont la DGF ou le FCTVA) sont payées sous forme de prélèvements sur recettes. Les sommes sont déduites directement des recettes du budget général, et s'analysent donc comme des moindres recettes ; elles n'apparaissent pas comme des dépenses budgétaires.

Il y a aussi lieu de ranger dans cette catégorie des concours une partie (voir art. 2334-24 CGCT) des produits des amendes de police relatives à la circulation routière (incluant le produit des radars automatiques) à travers un compte d'affectation spéciale « Contrôle de la circulation et du stationnement routiers ». En 2012, ce compte a reçu environ 80 % du produit des amendes de circulation et de stationnement et a reversé 46 % de son solde aux communes et à leurs groupements.

En 2014, les transferts financiers de l'État représentent 101,2 Mds €.

Quelles sont les dotations de l'État aux collectivités ?

Les dotations sont des prélèvements opérés sur le budget de l'État et distribués aux collectivités territoriales. Il s'agit de concours de l'État aux collectivités territoriales, qui sont la forme quantitativement la plus importante des transferts financiers de l'État aux collectivités territoriales. Elles peuvent servir différents objectifs.

▶ Les **dotations et subventions de fonctionnement**

La **dotation globale de fonctionnement (DGF)**, créée en 1979, est la plus importante contribution de l'État aux collectivités. La loi de finances pour 2004 a modifié profondément son architecture. Son montant a ainsi doublé, passant de 18,81 milliards d'euros (Mds €)en 2003, soit 32 % des concours financiers de l'État, à 36,83 Mds (62 %) pour 2004. Elle s'élève à 40,1 Mds € en 2014. Les collectivités peuvent l'employer librement. La DGF bénéficie aux communes, aux groupements de communes à fiscalité propre, aux départements et, depuis le 1er janvier 2004, aux régions.

Les **autres dotations de fonctionnement** sont, par exemple, la dotation spéciale instituteurs (21 millions d'euros en 2014), en voie d'extinction à mesure de leur remplacement par les professeurs des écoles; la dotation «élu local» pour les communes de moins de 1 000 habitants les plus défavorisées (65 millions d'euros en 2014); le fonds de mobilisation départemental pour l'insertion, créé en 2006 et doté, en 2014, de 500 millions d'euros.

▶ Les **dotations d'équipement**

La **dotation globale d'équipement (DGE)**, d'un montant de 709 millions d'euros en 2010, est attribuée par les préfets aux départements, à certaines communes et groupements de communes, sous conditions de ressources et de population, afin de les aider à financer leurs équipements et leurs infrastructures. En 2011, la DGE des communes a fusionné avec la DDR (la dotation de développement rural, 131 millions en 2010) pour former la **dotation d'équipement des territoires ruraux (DETR)**. En 2014, la DETR s'élevait à 616 millions d'euros, et la DGE des départements à 219 millions.

Le **fonds de compensation de la taxe sur la valeur ajoutée (FCTVA)**, d'un montant de 5,8 Mds € en 2014, est aussi une dotation d'équipement et compense la TVA payée par les collectivités sur leurs dépenses d'équipement réalisées deux ans auparavant.

▶ Les **dotations de compensation**

Elles peuvent servir à compenser des transferts de compétences de l'État aux collectivités. Il s'agit notamment de la dotation générale de décentralisation (1,5 Md € en 2013).

Elles peuvent aussi servir à compenser les exonérations et dégrèvements consentis par l'État sur la fiscalité locale.

La dotation relative à la formation professionnelle (1,7 Md € en 2013) faisait partie de cette catégorie, mais elle est remplacée depuis 2014 par un bouquet de ressources dynamiques composé en grande partie de ressources fiscales transférées (1 Md € en 2014), notamment une fraction supplémentaire de la taxe intérieure de consommation sur les produits énergétiques (TICPE).

Comment les métropoles sont-elles financées ?

Le code général des collectivités territoriales aborde la question des finances des métropoles dans la partie V consacrée à la coopération intercommunale, les métropoles étant des établissements publics de coopération intercommunale (EPCI). Cela laisse de côté les métropoles dérogatoires qui seraient des collectivités territoriales à part entière, comme, pour l'instant, la métropole de Lyon.

Concernant le volet dépenses, l'article L.5217-10 GCT prévoit que, sauf dispositions contraires, les métropoles sont soumises aux dispositions du livre III de la deuxième partie, afférent aux finances communales.

S'agissant des recettes, l'article.521-11 GCT renvoie aux articles concernant les communautés urbaines, tandis que l'article suivant met en place une dotation globale de fonctionnement (DGF) pour les métropoles.

Les articles suivants du CGCT décrivent les conditions dans lesquelles un transfert de compétences du département ou de la région vers la métropole et résultant en un accroissement des charges pour celle-ci doit être compensé par un transfert équivalent de ressources, l'objectif évident étant de maintenir le niveau de capacité financière de cette nouvelle structure intercommunale.

LE FINANCEMENT DE L'INTERCOMMUNALITÉ

Le regroupement de communes au sein d'établissements publics de coopération intercommunale (EPCI) peut répondre à deux objectifs très différents :

– la gestion commune de certains services publics locaux ou la réalisation d'équipements locaux, de manière à mieux répartir les coûts et à profiter d'économies d'échelle. Dans ce cas, les communes recherchent une forme de **coopération intercommunale relativement souple ou « associative »** ;

– la conduite collective de projets de développement local. En faisant ce choix, les communes optent pour une forme de **coopération plus intégrée ou « fédérative »**.

Le financement de l'intercommunalité ne sera pas le même suivant que le regroupement intercommunal est de type associatif ou fédératif.

Le financement des structures intercommunales associatives

Les structures intercommunales associatives, quelle que soit leur forme (syndicats à vocation unique ou SIVU, syndicats à vocation multiple ou SIVOM, syndicats mixtes), **n'ont pas de fiscalité propre**. Elles ne peuvent donc pas voter les taux d'imposition locale et ne disposent d'aucun pouvoir d'exonération fiscale. Leurs ressources proviennent principalement des contributions financières des communes adhérentes, auxquelles il faut ajouter les concours financiers de l'État, ainsi que d'autres recettes.

Les contributions financières des communes appartenant à l'EPCI peuvent être budgétaires ou fiscalisées. Les **contributions budgétaires** sont des prélèvements effectués directement sur le budget de chaque commune qui sont ensuite reversés au groupement intercommunal. Les **contributions fiscalisées** sont des prélèvements additionnels effectués sur les contribuables locaux qui acquittent, en plus des impositions communales, départementales et régionales, une contribution au profit de leur groupement intercommunal. Ces contributions constituent par conséquent un supplément à la fiscalité communale, prélevé sur chacune des quatre taxes directes locales (deux taxes foncières, contribution économique territoriale – CET –, taxe d'habitation) au profit de la structure intercommunale. Le montant de ces contributions varie selon une clé de répartition inscrite dans les statuts de l'EPCI.

Les structures intercommunales sans fiscalité propre peuvent également bénéficier de **concours financiers de l'État**. Ces derniers prennent plusieurs formes :

– le fonds de compensation de la TVA (FCTVA), qui rembourse, avec un décalage de deux ans, sur une base forfaitaire et globale, les versements de TVA que les groupements supportent sur leurs dépenses d'investissement. La loi du 13 août 2004 relative aux libertés et responsabilités locales prévoit la possibilité, à partir du 1er janvier 2005, de bénéficier par dérogation du FCTVA pour financer les investissements dans le domaine routier ;

– la dotation globale d'équipement (DGE), qui n'est versée qu'aux groupements dont la population est inférieure à 20 000 habitants (35 000 outre-mer).

Enfin, les structures intercommunales sans fiscalité propre peuvent bénéficier d'**autres recettes** :

– le produit des taxes, contributions ou redevances perçues en contrepartie des services qu'elles assurent (comme l'enlèvement des ordures ménagères);

– différentes aides (comme les fonds structurels accordés par l'Union européenne).

Le financement des structures intercommunales fédératives

Les structures intercommunales fédératives (communautés de communes, communautés d'agglomération, communautés urbaines) sont placées d'emblée sous un régime de fiscalité propre. Ce régime, qui est également applicable à d'anciens types d'EPCI, supprimés ou en voie de transformation (districts, communautés de ville, syndicats d'agglomération nouvelle ou SAN), se décline en deux variantes distinctes :

– le régime de la fiscalité additionnelle (avec ou sans fiscalité professionnelle de zone);

– le régime de la fiscalité professionnelle unique (FPU).

LE RÉGIME DE FISCALITÉ ADDITIONNELLE

Régime initial, et encore le plus appliqué, il s'applique aux communautés de communes qui n'ont pas opté pour la fiscalité professionnelle unique, de même qu'aux communautés urbaines créées avant la loi du 12 juillet 1999, dès lors qu'elles n'ont pas changé de régime fiscal. Dans ce régime, le groupement intercommunal est doté des **mêmes compétences fiscales qu'une commune** : il vote le taux et perçoit le produit des quatre taxes directes locales. Mais sa fiscalité se surajoute à celle des communes, qui continuent de percevoir leur fiscalité sur les quatre taxes directes. Le législateur permet aux groupements à fiscalité propre additionnelle d'opter pour la fiscalité professionnelle de zone (FPZ), tout en conservant leur fiscalité sur les autres taxes. La FPZ vise à unifier le taux de la CFE sur une zone d'activités économiques clairement délimitée et ainsi faire disparaître les inégalités de pression fiscale, incompréhensibles pour les redevables dans les aires d'activités multicommunales.

LE RÉGIME DE LA FISCALITÉ PROFESSIONNELLE UNIQUE (FPU)

Il s'applique :

- de plein droit, aux communautés d'agglomération, aux communautés urbaines créées après la publication de la loi du 12 juillet 1999 et aux syndicats d'agglomération nouvelle ;
- de manière optionnelle aux communautés de communes ;
- de plein droit, depuis le 1er janvier 2002, sauf délibération contraire d'au moins la moitié des conseils municipaux des communes intéressées, aux communautés urbaines créées avant la loi du 12 juillet 1999 et aux communautés de communes de plus de 500 000 habitants.

Dans ce régime, **l'EPCI se substitue progressivement aux communes pour la gestion et la perception du produit de la fiscalité professionnelle** (CET, c'est-à-dire la CFE + la part communale de CVAE ; la taxe sur les surfaces commerciales (TASCOM) et certaines composantes de l'imposition forfaitaire sur les entreprises de réseaux, IFER) sur l'ensemble de son périmètre. Le groupement perçoit le produit des impositions économiques des communes regroupées, vote le taux et décide des exonérations. Les communes conservent cependant dans leur intégralité les autres impositions.

Avant la suppression de la taxe professionnelle en 2010, le régime de la taxe professionnelle unique (TPU) induisait une spécialisation des taxes : les taxes sur les ménages (taxe d'habitation, taxes foncières) revenaient aux communes, tandis que la TP revenait aux groupements. Toutefois, les EPCI relevant du régime fiscal de la TPU avaient la possibilité de lever une fiscalité additionnelle sur la taxe d'habitation, la taxe sur le foncier bâti et la taxe sur le foncier non bâti. Il s'agit donc d'un régime de fiscalité mixte, qui se présentait jusqu'à la suppression de la TP comme une option de la TPU. La loi de finances pour 2010, qui supprime la TP, fait perdre à la fiscalité mixte son caractère optionnel en généralisant la fiscalité additionnelle sur les ménages au profit des communautés relevant du régime de la FPU.

LES SOURCES DE FINANCEMENT NON FISCALES

Les groupements intercommunaux à fiscalité propre jouissent également de sources de financement non fiscales. Ils peuvent ainsi recevoir des **dotations budgétaires de l'État**. Ces dernières sont au nombre de quatre :

- la dotation globale de fonctionnement des groupements de communes (ou « dotation d'intercommunalité ») : composée d'une dotation

de base et d'une dotation de péréquation. Leur montant est calculé en fonction d'un coefficient d'intégration fiscale ;
– la dotation de développement rural, qui est versée, sous certaines conditions démographiques, aux groupements de communes à fiscalité propre exerçant une compétence en matière d'aménagement de l'espace et de développement économique ;
– le FCTVA ;
– la DGE.
Par ailleurs, à l'instar des groupements intercommunaux associatifs, les structures intercommunales à fiscalité propre jouissent d'aides diverses et de recettes propres (produits de taxes, redevances ou contributions correspondant à des services assurés par elles).

L'UTILISATION DE LA RESSOURCE FINANCIÈRE PAR LES COLLECTIVITÉS TERRITORIALES

Comment les dépenses des collectivités territoriales sont-elles réparties ?

Depuis 1982, les dépenses des collectivités territoriales sont en augmentation constante, en raison des nouvelles compétences et des personnels que l'État leur transfère. On est ainsi passé, hors groupements, de 370 milliards de francs de dépenses en 1982 (soit 56,4 milliards d'euros, Mds €) à 195,5 Mds € en 2012 (et 225,9 Mds, groupements de communes inclus).

On distingue les dépenses de fonctionnement et les dépenses d'investissement.

▶ **Les dépenses de fonctionnement sont les plus importantes.** Elles concernent les opérations courantes des collectivités territoriales. En 2012, elles représentaient 69,8 % de leurs dépenses totales avec 157,6 Mds €.

Elles regroupent principalement :
– les frais de rémunération des personnels, qui constituent le premier poste de dépenses (54,8 Mds € en 2012, soit 24,2 % des dépenses totales) ;
– les intérêts de la dette, c'est-à-dire les intérêts des emprunts (4,5 Mds € en 2012, soit près de 2 % des dépenses totales) ;
– les dépenses d'entretien et de fourniture ;
– les frais de fonctionnement divers correspondant aux compétences de la collectivité.

Les **dépenses d'investissement** concernent des opérations en capital. Elles comprennent :
– les remboursements des emprunts (13 Mds € en 2012, soit 5,8 % des dépenses totales) ;
– les travaux d'équipement ;
– les acquisitions immobilières et mobilières.

Elles représentaient 68,2 Mds € en 2012, contre 51,63 Mds en 2003.

Les dépenses d'investissement des collectivités en font le premier investisseur public. Elles sont alimentées par des besoins structurels importants (les transports publics urbains par exemple).

Quel est le poids de chaque collectivité dans les dépenses ?

Les dépenses totales des collectivités, groupements à fiscalité propre inclus, se sont fixées en 2012 à 225,9 milliards d'euros (Mds €). Après une légère contraction en 2010 par rapport à 2009, les chiffres consolidés pour 2011 (219,4 Mds €) indiquaient déjà un retour à une dynamique haussière qui se trouve donc confirmée.

▶ **Les dépenses des communes et des groupements de communes représentent plus de la moitié des dépenses des collectivités** avec 126,6 Mds € en 2012 (contre 71,4 Mds € pour les départements et 27,9 Mds € pour les régions).

Ceci peut s'expliquer notamment par l'importance des frais de fonctionnement, et particulièrement, des frais de personnel, qui représentaient en 2012 près du tiers (31,8 %) des dépenses du secteur communal (communes et groupements à fiscalité propre), contre 16,1 % pour les départements et 10,6 % pour les régions (où, malgré ce faible taux, la part de cette dépense est en nette hausse).

▶ Ces dépenses, qu'elles soient de fonctionnement ou d'investissement, ne connaissent pas forcément dans le détail les mêmes évolutions selon les collectivités. On a observé entre 2009 et 2010 une tendance à une évolution de la structure de la dépense locale dans le sens d'un renforcement de la part relative des dépenses de fonctionnement. Mais à partir de 2011, on constate une stabilisation et un léger rééquilibrage. En effet, en 2012, les dépenses totales se sont montées à :
– 96,3 Mds € pour les communes (126,6 Mds pour le secteur communal dans son ensemble), chiffre en nette hausse par rapport à 2010. La part relative des dépenses de fonctionnement a sensiblement baissé, représentant désormais 67,8 % contre 68,5 % en 2010 (on retrouve donc le niveau de 2009, puisque les dépenses de fonctionnement représentaient alors 67,6 % des dépenses communales) ;
– 71,6 Mds € pour les départements, en nette hausse de 2,5 % par rapport à 2011 (qui était elle-même en hausse de 1,7 % par rapport à 2010). La part relative des dépenses de fonctionnement continue à augmenter mais semble se stabiliser, représentant désormais 78,5 % contre 77,3 % en 2010 et 74,5 % en 2009 ;
– 27,9 Mds € pour les régions (en hausse par rapport à 2010 – 26,5 Mds – mais encore en retrait par rapport au niveau de 2009 – 28 Mds). Les dépenses de fonctionnement se stabilisent à 61,5 %, après une année 2010 de très forte hausse de ce ratio (61,5 % contre 57,1 % en 2009).

Quel est le rôle des collectivités territoriales dans l'investissement public ?

Les collectivités sont le premier investisseur public. Elles réalisent près de 70 % de l'investissement public. Leurs dépenses dans ce domaine présentent un caractère cyclique suivant le rythme des élections locales. Elles étaient, hors remboursement de la dette, de 40,8 milliards d'euros (Mds €) en 2003, de 50,94 Mds € en 2006, de 56,85 Mds € en 2007, de 55,23 Mds € en 2008.

À partir de 2009 et de l'entrée en vigueur du plan de relance, l'analyse de cette donnée est rendue délicate. Globalement, sur la longue période, l'importance croissante de cette part s'explique par les vagues de décentralisation successives impulsées par l'État, même si la baisse des dépenses d'investissement entre 2009 et 2010 est patente, que ce soit en valeur relative ou en valeur absolue. Ainsi en 2009, elles se montaient à 56,68 Mds €, pour redescendre en 2010 à 52,03 Mds €. L'année 2011 marque un retour à la hausse, à 54 Mds €, confirmé en 2012 puisque les collectivités auront dépensé (toujours hors remboursement) 55,2 Mds €.

L'impact des investissements sur la dynamique économique nationale est certain, particulièrement en termes d'activité et d'emplois dans le secteur du bâtiment et des travaux publics.

Par niveau de collectivité, les investissements, hors remboursement de la dette, s'élevaient pour 2012 à :

– 25,1 Mds € pour les communes, soit 26,1 % de leurs dépenses totales (remboursement de la dette compris) ;

– 11,9 Mds € pour les départements, soit 16,6 % de leurs dépenses totales (incluant le remboursement de la dette), dont 4,2 Mds € pour les collèges ;

– 8,8 Mds € pour les régions, soit 31,4 % de leurs dépenses totales (remboursement de la dette compris), dont 6,1 Mds € pour l'enseignement.

L'investissement des collectivités demeure alimenté par des besoins structurels importants, notamment dans les domaines des transports publics urbains, du développement des nouvelles technologies, de la mise aux normes et de l'environnement. L'investissement le plus important reste celui des communes, malgré les transferts de compétences à des groupements intercommunaux, devenus des relais de l'investissement communal.

LES ENJEUX LOCAUX DE LA CRISE DES FINANCES PUBLIQUES

Pourquoi les finances locales sont-elles concernées par l'endettement de l'État ?

Il est de plus en plus nécessaire d'avoir une approche globale – on dira plutôt consolidée – des finances publiques pour répondre aux contraintes de gestion d'origine européenne.

Les critères, d'abord de convergence, puis de stabilité et de croissance définis par le pacte (PSC) de 1997, dans le cadre de la mise en place de l'euro, définissent pour les pays membres de l'Union européenne des **objectifs de déficit et d'endettement publics couvrant l'ensemble des administrations publiques (APU)**, c'est-à-dire l'État *stricto sensu*, les organismes divers d'administration centrale (ODAC), les administrations publiques locales (APUL) et les administrations de sécurité sociale (ASSO).

Aussi n'est-ce pas le budget de l'État *stricto sensu* qui doit rester sous la limite des 3 % du PIB de déficit et des 60 % du PIB de dette ; c'est l'ensemble consolidé des budgets des APU qui doit satisfaire ces critères. On comprend bien qu'une hausse de l'endettement local entraîne mécaniquement une restriction des marges de manœuvre de l'État, si tant est qu'il espère sincèrement rester dans les limites définies au niveau européen.

Cette liaison des déficits et des dettes nationales et locales a trouvé une nouvelle expression dans le traité sur la stabilité, la coordination et la gouvernance (TSCG) signé le 2 mars 2012 et entré en vigueur le 1er janvier 2013. Ce traité impose aux États signataires (25 États membres de l'UE, à l'exception du Royaume-Uni, de la République tchèque) de fixer une trajectoire pluriannuelle de retour à l'équilibre, permettant d'atteindre un objectif de moyen terme (OMT) correspondant à un déficit structurel inférieur à 0,5 % du PIB. Ce ratio s'apprécie également au niveau des APU. Ainsi si les finances de l'État ou les finances sociales dérapent, les marges de manœuvre juridique des collectivités se contractent, et vice-versa. Les collectivités sont donc directement concernées par le niveau d'endettement de l'État

Les collectivités sont-elles endettées ?

▶ L'endettement des collectivités a été très important, mais a connu une **diminution constante entre 1997 et 2002**. En effet, malgré l'existence d'une autonomie d'emprunt pour les collectivités depuis les années 1980, la dette des collectivités a baissé durant cette période. Elle est passée de 92,35 milliards d'euros (Mds €) en 1997 à 86,96 Mds € en 2003, soit une baisse de 5,8 %.

Depuis 2003, en revanche, le niveau d'endettement des collectivités a **tendance à augmenter de nouveau**, même si 2010 et 2011 marquent un sensible recul (16 Mds € empruntés chaque année) par rapport à 2008 et 2009 (19 Mds €). 2012 semble cependant amorcer un retour vers un niveau plus élevé d'emprunt (18 Mds €). Au 31 décembre 2012, leur stock de dette était de 132,45 Mds €.

Cependant, **il existe des différences de niveau d'endettement selon le type de collectivité**. Ainsi, en 2012, l'importance de l'annuité de la dette (remboursement du capital et paiement des intérêts) dans les recettes de fonctionnement des collectivités était-elle de :
– 10,3 % pour les communes (7,1 % pour les intercommunalités) ;
– 6,9 % pour les départements ;
– 11,5 % pour les régions.

▶ Les collectivités ont recours à l'emprunt pour compléter leurs ressources. Il est caractérisé par plusieurs traits spécifiques :
– à la différence des recettes fiscales et des dotations de l'État, qui sont des recettes définitives, l'emprunt est une ressource « temporaire » car il faudra le rembourser ;
– l'emprunt est exclusivement affecté aux nouveaux investissements des collectivités. Il ne peut donc pas financer les dépenses de fonctionnement ;
– le service des intérêts est une dépense de fonctionnement ;

– le remboursement du principal est une dépense d'investissement, qui doit obligatoirement être couverte par des recettes d'investissement définitives ;

– le remboursement du principal doit être inscrit au budget et couvert par des recettes correspondantes préalablement à d'autres dépenses (nouvelles) d'investissement.

Les collectivités territoriales ont-elles accès aux marchés financiers ?

▶ **La loi de décentralisation du 2 mars 1982 a libéralisé l'emprunt des collectivités** en supprimant l'autorisation préfectorale préalable qu'elles devaient obtenir avant de solliciter un financement auprès d'un organisme privé. Depuis cette date, les collectivités choisissent librement le montant, le taux, la personne à laquelle elles s'adressent pour se financer. C'est une évolution qui s'inscrivait alors dans le souci de leur donner plus d'autonomie de gestion, puisque la décision de souscrire un emprunt, librement négocié dans le respect du cadre budgétaire, est exécutoire directement dans les conditions de droit commun, c'est-à-dire après transmission aux services préfectoraux.

Cette liberté d'accès à l'emprunt a contribué à créer un véritable marché du financement local, ce qui s'est traduit par la **diversification des financeurs et des produits financiers proposés aux collectivités**.

▶ La Caisse des dépôts et consignations (CDC), créée en 1816, a commencé à prêter aux collectivités territoriales dès 1821. C'est donc un acteur classique du financement local, qui partage la scène avec d'autres acteurs plus récents. Il y a lieu de mentionner Dexia-Crédit Local, qui est un lointain descendant d'un démembrement de la CDC – devenu une société anonyme en 1987, le Crédit local de France – et de sa fusion avec le Crédit communal de Belgique. Le marché du financement local est partagé notamment entre les caisses d'épargne (environ 21 % du marché), le Crédit agricole (15 %) et le Crédit mutuel (4 %).

▶ Historiquement, les collectivités utilisaient des prêts à taux fixes et annuités constantes. Il s'agit de produits extrêmement simples. Avec le recours aux marchés financiers, **elles ont désormais accès aux produits structurés**, leur proposant des prêts à taux variables, indexés sur les marchés obligataires ou monétaires. Les collectivités, qui peuvent emprunter en devises étrangères, peuvent aussi opter pour des produits de type SWAP, permettant de permuter taux fixe et taux variable, éventuellement dans la limite d'un couloir de taux défini entre un taux plafond (CAP) et un taux plancher (FLOOR).

QU'APPELLE-T-ON L'ÉQUILIBRE RÉEL DES BUDGETS LOCAUX?

Contrairement à l'État, les collectivités adoptent – et en théorie exécutent – des budgets en équilibre. Cela veut dire, concrètement, que **leurs budgets ne font pas apparaître de déficit, car l'emprunt y apparaît explicitement comme une recette**. Il n'en va pas de même s'agissant de l'État, le solde budgétaire est – à titre de fait systématique – négatif, car l'emprunt, qui couvrira ses besoins de financement non couverts par des recettes définitives, n'apparaît pas au budget comme une recette.

Au niveau local, on procède à une budgétisation de l'emprunt, lequel sert donc, quand il est utile et possible, de **variable d'ajustement afin d'équilibrer le budget**. Aussi, bien qu'usant de stratégies d'écriture fort différentes, les collectivités territoriales sont, tout comme l'État, susceptibles de s'endetter – même parfois lourdement – bien que leurs budgets soient obligatoirement en équilibre.

Plus précisément, **les budgets locaux doivent être en équilibre réel**. L'équilibre réel – qu'on présente parfois comme le modèle de ce que devrait véritablement être la règle d'or budgétaire – est la traduction budgétaire du respect par les collectivités territoriales des règles du plan comptable général. Celui-ci repose sur le principe de la comptabilité en partie double, qui fait correspondre au bilan un élément d'actif (les investissements que l'on réalise) que l'on possède aux éléments de passif (dépense, emprunt et endettement) que l'on a mobilisés pour son acquisition. Ainsi un bilan est forcément équilibré. Sur le plan budgétaire, la recette d'investissement «emprunt» est un élément comptable de passif correspondant à des dépenses d'investissement dont le produit correspondant sera un élément comptable d'actif.

Ceci étant, l'équilibre réel ne se réduit pas à l'équilibre des comptes par la budgétisation de l'emprunt, car **l'emprunt ne peut couvrir que les dépenses d'investissement**. C'est donc une variable d'ajustement pour atteindre l'équilibre, mais une variable partielle seulement puisqu'elle ne peut pas servir à équilibrer la section de fonctionnement des budgets locaux.

Concrètement, pour qu'il y ait équilibre réel, il faut que chacune des deux sections, fonctionnement et investissement, soit votée en équilibre comptable, c'est-à-dire avec un solde positif ou nul. De manière plus précise :

– **la section de fonctionnement doit avoir un solde nul ou positif**. L'excédent, le cas échéant, constitue une recette d'investissement. C'est un moyen d'autofinancement. En toutes hypothèses, ne figurent au nombre des recettes de fonctionnement que des recettes dites définitives ; donc l'emprunt n'est pas possible. Autrement dit, les collectivités locales ne peuvent pas recourir à l'emprunt pour financer leurs dépenses de fonctionnement ;

– **la section d'investissement doit aussi être votée en équilibre, c'est-à-dire avec un solde nul ou positif**. Cette fois-ci, l'emprunt est possible sous certaines conditions. Ainsi le remboursement du capital emprunté préalablement est une dépense d'investissement qui doit être couverte par des recettes d'investissement présentant un caractère définitif ; autrement dit, **il n'est pas possible à une collectivité de couvrir la charge d'une dette préexistante par un nouvel emprunt**.

En outre, le principe de sincérité budgétaire impose, on le relèvera à toutes fins utiles, de ne pas majorer artificiellement une recette et ne pas minimiser artificiellement une dépense pour équilibrer le budget.

En résumé, au sens des finances locales, un budget est équilibré si, dans le cadre d'inscriptions budgétaires sincères, il vérifie les conditions suivantes :

– équilibre comptable des deux sections ;
– financement obligatoire de l'emprunt par des ressources définitives de la section d'investissement.

On notera finalement que l'endettement doit figurer en haut de bilan (dans les éléments de passif). La traduction budgétaire, c'est que dans le cadre d'un budget local équilibré, **la charge de la dette doit être couverte par des ressources définitives prioritairement à l'inscription de dépenses nouvelles**.

Quels sont les risques du financement des collectivités territoriales par le secteur bancaire privé ?

Les produits structurés auxquels les collectivités territoriales ont accès les exposent à des risques de dérapages financiers dont elles n'ont pas toujours conscience. Il est évident que la **technique de taux variables** peut se révéler avantageuse (pour optimiser à court terme la charge de la dette) ; mais quand le taux est indexé sur des indicateurs complètement étrangers à la gestion locale (comme la variation des monnaies entre elles), les collectivités peuvent se trouver soudainement exposées à une augmentation brutale de la charge de leur dette, qui peut rendre leurs comptes insoutenables en dehors de toute erreur de gestion qui leur serait imputable.

À cet égard, **toutes les collectivités ne sont pas égales, car les plus importantes ont les moyens de se doter d'une expertise financière**. Les plus modestes n'ont pas cette possibilité, mais sont également exposées aux sollicitations du secteur bancaire et des cabinets de consulting qui ont quelque chose à leur vendre.

La réalité est plus complexe, car si la crise de 2008 a mis le problème sur le devant de la scène, toutes les collectivités ne sont pas exposées de façon identique aux emprunts toxiques. Les statistiques produites alors par le Gouvernement et par la Cour des comptes ne sont pas superposables dans les chiffres (ni concernant l'évaluation globale des emprunts toxiques ni concernant la répartition entre les collectivités), mais elles convergent toutes deux pour désigner les communes moyennes (plus de 10 000 habitants) et grandes comme les principales détentrices d'emprunts à risque.

Cela veut dire (au moins) deux choses : d'une part, il y a eu des défaillances d'information aux organes locaux avant qu'ils n'engagent leurs collectivités sur ce type de produits, ce qui questionne le rôle et l'obligation de conseil que doivent remplir les organismes bancaires prêteurs aux collectivités territoriales, ainsi que le rôle des cabinets de conseil ; d'autre part, au-delà de l'analyse théorique, les collectivités les plus importantes, sans doute parce qu'elles ont plus de besoins de financement que les plus petites, se sont en réalité davantage exposées.

Pour limiter les risques, le législateur a introduit en juillet 2013 un **article L1611-3-1 CGCT restreignant les caracté- ristiques des produits auxquels les collectivités peuvent souscrire**. Notamment en cas de taux variables, la formule d'indexation doit répondre à des critères de « simplicité » et de « prévisibilité », ces notions devant être définies dans un décret en Conseil d'État non pris à ce jour.

LES CONTRÔLES SUR LES FINANCES LOCALES

Les citoyens et les élus peuvent-ils contrôler les finances locales ?

▶ La Déclaration des droits de l'homme et du citoyen de 1789 évoque déjà, dans ses articles 14 et 15, le droit des citoyens et de la société de contrôler les finances publiques. Aujourd'hui, **les citoyens peuvent d'abord exercer un contrôle politique** sur la gestion financière des collectivités par leur vote lors des élections locales, en sanctionnant ou en validant l'action des élus. Ils disposent aussi d'un **droit à l'information et à la communication de documents budgétaires**, affirmé par la loi du 6 février 1992 « comme un principe essentiel de la démocratie locale ».

Le code général des collectivités territoriales précise qu'en cas de non-respect de certaines règles d'élaboration, d'adoption ou de présentation des actes budgétaires, les administrés peuvent, sous certaines conditions, saisir le juge administratif.

▶ **Les élus disposent également de moyens de contrôle qui ont été renforcés par la loi du 6 février 1992**. Ils peuvent désormais contrôler les finances locales :
– lors du débat d'orientation budgétaire, qui doit avoir lieu obli- gatoirement dans les deux mois précédant le vote du budget ;

– au moyen des questions orales qu'ils peuvent poser à l'exécutif local en cours d'année ;
– au moyen des documents budgétaires et de leurs annexes qui leur sont communiqués au moins cinq jours avant le vote du budget ;
– lors de l'adoption des budgets modificatifs ;
– lors de l'adoption du compte administratif, qui peut donner lieu à un débat et qui permet de comparer le budget voté au budget effectivement réalisé ;
– par les délibérations qu'ils adoptent en cours d'année engageant financièrement la collectivité, et par les communications de l'exécutif sur la situation de trésorerie ;
– par la communication par l'exécutif des lettres d'observation définitives des chambres régionales des comptes.

Quels sont les contrôles exercés par les services de l'État ?

Les actes budgétaires sont soumis à un double contrôle des services de l'État.

▶ Le **contrôle du préfet** : après leur vote, les budgets sont transmis au préfet qui exerce un contrôle de légalité et un contrôle budgétaire en liaison avec la chambre régionale des comptes qu'il saisit et à laquelle il demande un avis.

Ces deux contrôles, aux finalités différentes, peuvent être complémentaires. Le **contrôle de légalité** porte sur les conditions d'élaboration, d'adoption ou de présentation des documents budgétaires et de leurs annexes. Le **contrôle budgétaire** doit faire respecter les règles de gestion (le calendrier, la règle de l'équilibre réel, l'inscription des dépenses obligatoires et le déficit du compte administratif) applicables lors de l'élaboration et de l'exécution du budget.

▶ Le **contrôle du comptable public** : celui-ci exécute les opérations financières et tient un compte de gestion dans lequel il indique toutes les dépenses et recettes de la collectivité. Il vérifie que les dépenses sont décomptées sur le bon chapitre budgétaire et que l'origine des recettes est légale. **Il**

ne peut pas effectuer un contrôle d'opportunité. En effet, il ne peut pas juger de la pertinence des choix politiques effectués par les collectivités puisqu'elles s'administrent librement. Dans le cas contraire, l'ordonnateur peut « requérir » le comptable, c'est-à-dire le forcer à payer.

Dès lors que le comptable détecte une illégalité, il rejette le paiement décidé par l'ordonnateur. Les comptables publics engagent leur responsabilité pécuniaire et personnelle sur les paiements qu'ils effectuent. En cas de problème, le ministre des Finances peut émettre un ordre de reversement, qui contraint le comptable à verser immédiatement, sur ses propres deniers, la somme correspondante.

Quel est le rôle du juge administratif?

▶ **Le déféré préfectoral**

Le contrôle de légalité est l'un des moyens permettant de faire respecter les « règles du jeu » de la décentralisation par les collectivités territoriales. Depuis 1982, le préfet a essentiellement conservé, vis-à-vis des collectivités, le pouvoir de saisir la juridiction administrative dès lors qu'il détecte une illégalité. Le Code général des collectivités territoriales précise qu'il défère au tribunal administratif les actes qu'il estime illégaux dans les deux mois suivant leur transmission à ses services. Parmi ces actes figurent les délibérations des conseils municipaux, généraux et régionaux et donc les budgets des collectivités. Depuis 1982, les déférés préfectoraux peuvent être assortis d'une demande de sursis à exécution, devenu le référé-suspension depuis la loi du 30 juin 2000 relative au référé devant les juridictions administratives.

Si le préfet choisit de ne pas saisir le tribunal administratif alors que des illégalités sont facilement décelables, la responsabilité de l'État peut être engagée et le préfet accusé de faute.

▶ **Le recours pour excès de pouvoir**

Il se définit comme le recours par lequel on demande au juge l'annulation d'un acte en raison de l'illégalité dont il serait entaché. Tout administré, qui a un intérêt à agir, peut donc saisir le tribunal administratif directement pour faire annuler une décision prise par une collectivité qui lui paraît illégale. Ainsi, les lois des 29 janvier 1993 et 8 février 1995 permettent l'admission par le juge administratif des recours présentés par les contribuables locaux. Le Conseil d'État avait, pour sa part, admis dès son arrêt *Casanova* de 1901 que la qualité de contribuable communal donnait qualité à agir contre les actes administratifs unilatéraux municipaux.

Que sont les chambres régionales des comptes ?

Ce sont des **juridictions chargées de contrôler les comptes locaux** qui ont été mises en place avec la décentralisation, en 1982. Conformément au principe d'unité de l'État, il s'agit de **juridictions nationales** dans lesquelles officient des magistrats inamovibles qui sont des fonctionnaires de l'État. Cependant, leur ressort de compétence est territorialisé.

Les chambres régionales des comptes (CRC) représentent une contrepartie à la suppression de la tutelle *a priori* sur les actes des collectivités territoriales. Les compétences de ces juridictions sont définies par la loi et sont reprises dans le Code des juridictions financières, aux articles L211-1 et suivants.

Si, à leur création, il y avait en métropole une CRC pour chacune des vingt-deux régions, leur nombre a été réduit depuis du fait de la nouvelle rédaction de l'article L212-1 du Code des juridictions financières, issue de la loi 2011-1062 du 13 décembre 2011 limitant leur nombre à vingt au maximum. De fait, la carte géographique en a été profondément remaniée, par le décret 2012-255 du 23 février 2012 relatif au siège et au ressort des chambres régionales des comptes. Celui-ci définit **quinze CRC métropolitaines**, auxquelles il faut ajouter **cinq CRC ultramarines** (Guadeloupe, Guyane, Martinique, La Réunion, Mayotte).

Les CRC exercent donc leurs compétences sur le territoire métropolitain et dans les DOM.

Dans les collectivités d'outre-mer (COM), le législateur a mis en place des **chambres territoriales des comptes (CTC)**. L'article L.252-1 du Code des juridictions financières met en place les CTC de Saint-Barthélemy, Saint-Martin et Saint-Pierre-et-Miquelon. L'article L.262-1 définit celle de Nouvelle-Calédonie, tandis que l'article L.272-1 en crée une en Polynésie française. Au total, il y a donc cinq CTC.

Ceci étant, les CRC et les CTC forment un ensemble homogène (CRTC) en termes de compétences ; sur le plan institutionnel, la CRC d'Île-de-France se distingue par la présence d'un vice-président.

Les CRTC sont, avec la Cour des comptes, des **juridictions administratives spécialisées**. Comme la Cour des comptes, elles exercent des fonctions juridictionnelles – lesquelles relèvent en appel de la Cour des comptes et en cassation du Conseil d'État – et des fonctions non juridictionnelles.

Les CRTC sont des **juridictions indépendantes**, fixant librement leur programme de contrôle sans recevoir d'instructions de la Cour des comptes. Ceci étant, il existe des liens les unissant à la juridiction de la rue Cambon : le président de la Cour des comptes préside le Conseil de CRTC ; les présidents des CRTC sont des magistrats de la Cour des comptes ; dans le cadre de la mission d'évaluation des politiques publiques (art. 47-2 C) de la Cour, la pratique des enquêtes communes avec les CRTC s'est développée.

Quels sont les contrôles effectués par les chambres régionales des comptes ?

La compétence d'une CRC s'étend à toutes les collectivités territoriales de son ressort géographique, qu'il s'agisse des communes, des départements et des régions, **mais également de leurs établissements publics**. Par ailleurs, la Cour des comptes a donné délégation aux CRC pour contrôler certains établissements publics nationaux, comme certaines universités ou encore les chambres d'agriculture.

Dans ce cadre, les CRC sont dotées d'une **triple compétence** en matière de contrôle.

▶ **Le jugement des comptes des comptables publics** est la mission juridictionnelle des CRC. La CRC juge, dans son ressort, l'ensemble des comptes des comptables publics des collectivités et de leurs établissements publics. Ce contrôle juridictionnel est la mission originelle des CRC. Il s'agit d'un contrôle de régularité des opérations faites par les comptables publics. Il consiste à vérifier non seulement que les comptes sont réguliers, mais surtout que le comptable a bien exercé l'ensemble des contrôles qu'il est tenu d'effectuer. Le contrôle en opportunité est interdit.

Le contrôle budgétaire, qui est une mission non juridictionnelle, vise à garantir le respect par les collectivités des contraintes pesant sur leurs budgets. C'est un contrôle spécifique aux CRC, sans équivalent au niveau de la Cour des comptes ; il constitue la contrepartie de la disparition de la tutelle en 1982, les budgets locaux n'étant plus soumis à un contrôle préfectoral préalable.

La CRC intervient dans quatre cas :

– lorsque le **budget primitif est adopté trop tardivement** (après le 15 avril), le préfet doit saisir la CRC qui formule des propositions pour le règlement du budget sous un mois ;

– en cas d'**absence d'équilibre réel du budget voté** (recettes ne correspondant pas aux dépenses), trois délais se succèdent : trente jours pour la saisine de la CRC par le préfet, trente jours également pour que la CRC formule ses propositions, un mois pour que l'organe délibérant de la collectivité régularise la situation, faute de quoi le préfet procède lui-même au règlement du budget ;

– en cas de **défaut d'inscription d'une dépense obligatoire**, la CRC peut être saisie par le comptable public concerné, le représentant de l'État ou par une personne y ayant un intérêt. Elle constate ce défaut dans un délai d'un mois à compter de la saisine et adresse une mise en demeure à la collectivité en cause ;

– enfin, lorsque l'**exécution du budget est en déficit**, de 10 % ou plus des recettes de la section de fonctionnement pour les communes de moins de 20 000 habitants, ou de 5 % dans les autres cas, la CRC lui propose des mesures de rétablissement dans un délai d'un mois à compter de sa saisine par le représentant de l'État. En outre, elle valide le budget primitif afférent à l'exercice suivant.

▶ **Le contrôle de la gestion** est une mission non juridictionnelle. Il vise à examiner la régularité et la qualité de la gestion des collectivités territoriales. Il porte non seulement sur l'équilibre financier des opérations de gestion et le choix des moyens mis en œuvre, mais également sur les résultats obtenus par comparaison avec les moyens et les résultats des actions conduites. Se prononçant sur la régularité des opérations et l'économie des moyens employés, et non en termes d'opportunité des actes pris par les collectivités territoriales, les CRC cherchent d'abord à aider et inciter celles-ci à se conformer au droit, afin de prévenir toute sanction.

ANNEXE

LIENS UTILES

▶ **Le portail de l'État au service des collectivités territoriales** *(http://www.collectivites-locales.gouv.fr/)*

Ce site constitue le point d'accès unique et simplifié à l'ensemble des informations relatives aux collectivités locales à travers différentes rubriques : Institutions, Finances locales, Compétences, Commande publique, Fonction publique territoriale. De nombreuses études et statistiques locales sont ainsi mises à disposition des internautes afin de mieux faire connaître l'organisation territoriale de la République.

À noter, la rubrique consacrée à l'intercommunalité (onglet « Institutions », puis « Structures territoriales »).

▶ **Les Outre-mer**
(www.outre-mer.gouv.fr/)

Ce site du ministère des Outre-Mer offre notamment, dans sa rubrique « Découvrir les Outre-mer », une présentation complète des différentes collectivités territoriales situées outre-mer (localisation, institutions, histoire, populations, climat, économie…).

▶ **Conseil constitutionnel**
(www.conseil-constitutionnel.fr/)

« La Constitution en 20 questions » (rubrique « Documentation / Dossiers thématiques »), parcours de découverte des principaux aspects du texte constitutionnel, élaboré à l'occasion du cinquantième anniversaire de la Constitution du 4 octobre 1958, propose deux articles qui traitent des collectivités : d'une part, de leur place dans la Constitution de 1958, et d'autre part, de l'outre-mer. Cependant, ces contributions n'ayant pas été mises à jour, elles présentent un intérêt plutôt historique.

▶ **Cour des comptes**
(www.ccomptes.fr/)

Le site de la Cour des comptes propose une présentation des chambres régionales et territoriales des comptes et un accès direct aux activités de chacune d'entre elles.

▶ **Legifrance, le service public de la diffusion du droit**
(www.legifrance.gouv.fr/)

Ce site juridique, qui remplit la mission de service public de diffusion du droit, permet d'accéder aux textes législatifs et réglementaires organisant les collectivités territoriales, et notamment :

→ la Constitution de 1958 : les articles 72 à 75, figurant au titre XII, sont ceux qui concernent les collectivités territoriales. Le titre XIII concerne les dispositions transitoires relatives à la Nouvelle-Calédonie ;

→ le Code général des collectivités territoriales : composé de deux parties, législative et réglementaire ;

→ le Code électoral ;

→ le Code des communes de la Nouvelle-Calédonie ;

→ plusieurs codes relatifs à Mayotte (code des douanes, code forestier, code du travail).

▶ **Service-Public, le site officiel de l'administration française**
(www.service-public.fr/)

Ce site donne accès, par un onglet spécifique, à un annuaire de l'administration, et notamment des mairies et des services locaux situés en région. Plusieurs modes d'accès permettent de cibler la recherche : par région, par département, par thème, par nom d'organisme…

▶ **Vie-Publique, au cœur du débat public**
(www.vie-publique.fr/)

Ce portail d'information citoyenne, administré par la Direction de l'information légale et administrative (DILA), propose des dossiers d'actualité sur les collectivités territoriales : par exemple, « Départementales 2015 : les règles de l'élection des 22 et 29 mars », « Collectivités territoriales : une nouvelle réforme en 2014 ».

Dans la rubrique « Dossiers de politiques publiques » un dossier est consacré au processus de décentralisation depuis 1982. Par ailleurs, l'entrée par « Accès thématique » renvoie vers des brèves, des dossiers, des rapports ou documents traitant de la décentralisation et des collectivités territoriales.

▶ **Europa, le portail de l'Union européenne**
(europa.eu/index_fr.htm)

Dans la rubrique «L'UE par thème» de ce site portail de l'Union européenne, on trouvera parmi les «Domaines d'action», de nombreuses informations sur la politique régionale de l'UE : synthèses, documentation, textes juridiques et sites clés portant sur cette question.

▶ **Toute l'Europe.fr**
(www.touteleurope.fr/)

À consulter, dans la rubrique «Les politiques européennes», les pages consacrées aux «Régions» qui présentent l'histoire de la politique régionale européenne, ses objectifs, son fonctionnement, son financement, ainsi que les différents fonds qui y contribuent.

▶ **Le Comité des régions**
(cor.europa.eu/fr/Pages/home.aspx)

Le Comité des régions (CdR) est l'assemblée des représentants régionaux et locaux des pays membres de l'UE. Ce site propose une présentation des activités et des politiques du CdR qui permet notamment de découvrir comment ses membres représentent les régions et les villes de France (rubrique «Activités CdR») et quelles sont les réalisations de l'Europe dans chacune des régions des 28 États membres (rubrique «L'Europe dans ma région»).

TABLE DES MATIÈRES

CHAPITRE 6

 PEFC™ 10-31-1510

Achevé d'imprimer par Corlet, Imprimeur, S.A. - 14110 Condé-sur-Noireau
N° d'Imprimeur : 170901 - Dépôt légal : février 2015 - *Imprimé en France*